本书由
中央高校建设世界一流大学（学科）
和特色发展引导专项资金
资助

中南财经政法大学“双一流”建设文库

长 | 江 | 经 | 济 | 带 | 系 | 列 |

人口老龄化与经济发展：以湖北省为例

刘 畅 著

中国财经出版传媒集团
经济科学出版社
Economic Science Press

图书在版编目（CIP）数据

人口老龄化与经济发展：以湖北省为例/刘畅著．—北京：经济科学出版社，2020.8
（中南财经政法大学“双一流”建设文库）
ISBN 978-7-5218-1714-0

Ⅰ.①人…　Ⅱ.①刘…　Ⅲ.①人口老龄化-影响-区域经济发展-研究-湖北　Ⅳ.①F127.63②C924.24

中国版本图书馆 CIP 数据核字（2020）第 125792 号

责任编辑：孙丽丽　纪小小
责任校对：蒋子明
版式设计：陈宇琰
责任印制：李　鹏　范　艳

人口老龄化与经济发展：
以湖北省为例
刘　畅　著
经济科学出版社出版、发行　新华书店经销
社址：北京市海淀区阜成路甲 28 号　邮编：100142
总编部电话：010-88191217　发行部电话：010-88191522
网址：www.esp.com.cn
电子邮箱：esp@esp.com.cn
天猫网店：经济科学出版社旗舰店
网址：http://jjkxcbs.tmall.com
北京季蜂印刷有限公司印装
787×1092　16 开　10.75 印张　190000 字
2020 年 9 月第 1 版　2020 年 9 月第 1 次印刷
ISBN 978-7-5218-1714-0　定价：45.00 元

总　序

“中南财经政法大学‘双一流’建设文库”是中南财经政法大学组织出版的系列学术丛书，是学校“双一流”建设的特色项目和重要学术成果的展现。

中南财经政法大学源起于1948年以邓小平为第一书记的中共中央中原局在挺进中原、解放全中国的革命烽烟中创建的中原大学。1953年，以中原大学财经学院、政法学院为基础，荟萃中南地区多所高等院校的财经、政法系科与学术精英，成立中南财经学院和中南政法学院。之后学校历经湖北大学、湖北财经专科学校、湖北财经学院、复建中南政法学院、中南财经大学的发展时期。2000年5月26日，同根同源的中南财经大学与中南政法学院合并组建“中南财经政法大学”，成为一所财经、政法“强强联合”的人文社科类高校。2005年，学校入选国家“211工程”重点建设高校；2011年，学校入选国家“985工程优势学科创新平台”项目重点建设高校；2017年，学校入选世界一流大学和一流学科（简称“双一流”）建设高校。70年来，中南财经政法大学与新中国同呼吸、共命运，奋勇投身于中华民族从自强独立走向民主富强的复兴征程，参与缔造了新中国高等财经、政法教育从创立到繁荣的学科历史。

“板凳要坐十年冷，文章不写一句空”，作为一所传承红色基因的人文社科大学，中南财经政法大学将范文澜和潘梓年等前贤们坚守的马克思主义革命学风和严谨务实的学术品格内化为学术文化基因。学校继承优良学术传统，深入推进师德师风建设，改革完善人才引育机制，营造风清气正的学术氛围，为人才辈出提供良好的学术环境。入选“双一流”建设高校，是党和国家对学校70年办学历史、办学成就和办学特色的充分认可。“中南大”人不忘初心，牢记使命，以立德树人为根本，以“中国特色、世界一流”为核心，坚持内涵发展，“双一流”建设取得显著进步：学科体系不断健全，人才体系初步成型，师资队伍不断壮大，研究水平和创新能力不断提高，现代大学治理体系不断完善，国际交流合作优化升级，综合实力和核心竞争力显著提升，为在2048年建校百年时，实现主干学科跻身世界一流学科行列的发展愿景打下了坚实根基。

“当代中国正经历着我国历史上最为广泛而深刻的社会变革，也正在进行着人类历史上最为宏大而独特的实践创新”，“这是一个需要理论而且一定能够产生理论的时代，这是一个需要思想而且一定能够产生思想的时代”①。坚持和发展中国特色社会主义，统筹推进“五位一体”总体布局和协调推进“四个全面”战略布局，实现“两个一百年”奋斗目标、实现中华民族伟大复兴的中国梦，需要构建中国特色哲学社会科学体系。市场经济就是法治经济，法学和经济学是哲学社会科学的重要支撑学科，是新时代构建中国特色哲学社会科学体系的着力点、着重点。法学与经济学交叉融合成为哲学社会科学创新发展的重要动力，也为塑造中国学术自主性提供了重大机遇。学校坚持财经政法融通的办学定位和学科学术发展战略，“双一流”建设以来，以“法与经济学科群”为引领，以构建中国特色法学和经济学学科、学术、话语体系为己任，立足新时代中国特色社会主义伟大实践，发掘中国传统经济思想、法律文化智慧，提炼中国经济发展与法治实践经验，推动马克思主义法学和经济学中国化、现代化、国际化，产出了一批高质量的研究成果，“中南财经政法大学‘双一流’建设文库”即为其中部分学术成果的展现。

文库首批遴选、出版二百余册专著，以区域发展、长江经济带、“一带一路”、创新治理、中国经济发展、贸易冲突、全球治理、数字经济、文化传承、生态文明等十个主题系列呈现，通过问题导向、概念共享，探寻中华文明生生不息的内在复杂性与合理性，阐释新时代中国经济、法治成就与自信，展望人类命运共同体构建过程中所呈现的新生态体系，为解决全球经济、法治问题提供创新性思路和方案，进一步促进财经政法融合发展、范式更新。本文库的著者有德高望重的学科开拓者、奠基人，有风华正茂的学术带头人和领军人物，亦有崭露头角的青年一代，老中青学者秉持家国情怀，述学立论、建言献策，彰显“中南大”经世济民的学术底蕴和薪火相传的人才体系。放眼未来、走向世界，我们以习近平新时代中国特色社会主义思想为指导，砥砺前行，凝心聚

① 习近平：《在哲学社会科学工作座谈会上的讲话》，2016年5月17日。

力推进“双一流”加快建设、特色建设、高质量建设，开创“中南学派”，以中国理论、中国实践引领法学和经济学研究的国际前沿，为世界经济发展、法治建设做出卓越贡献。为此，我们将积极回应社会发展出现的新问题、新趋势，不断推出新的主题系列，以增强文库的开放性和丰富性。

“中南财经政法大学‘双一流’建设文库”的出版工作是一个系统工程，它的推进得到相关学院和出版单位的鼎力支持，学者们精益求精、数易其稿，付出极大辛劳。在此，我们向所有作者以及参与编纂工作的同志们致以诚挚的谢意！

因时间所囿，不妥之处还恳请广大读者和同行包涵、指正！

中南财经政法大学校长

前　言

人口老龄化，简单地说，就是指一个国家或地区，老龄人口在总人口中所占的比重，是一个国家或地区老年人口发展趋势的重要体现，同时也反映了一个国家或是地区的劳动力发展情况。按照国际老龄人口的标准，我们把60岁以上的人口在总人口中的比重为10%及以上，或者是65岁老龄人口在总人口中的比重为7%及以上的国家和地区，称作老龄化国家或地区。当前，世界各国，包括发达国家和发展中国家，人口老龄化问题都比较突出，人口老龄化关系到一个国家或是地区的人口发展情况、经济发展情况、政治政策走向、社会问题和家庭生活等多个方面，不同的国家、不同的地区在地域社会发展过程中，都会遇到人口老龄化问题，这可以说是经济发展过程中必然经历的阶段。社会生产和消费是一个区域经济发展的关键因素，而人口老龄化则与生产力的发展和消费水平有着密切联系。当前，我国提倡科学发展观，科学发展的核心就是以人为本。所以，本书的研究对于中国当前的发展具有一定的理论意义和实践意义。

具体来说，人口老龄化的状况会影响一个国家或是地区的政治、经济、社会和文化等各个方面，而且这些影响与我们日常生活密切相关。它的影响包括：国家或是地区的经济发展、居民收入分配、劳动力的生产、劳动力的供求、居民财富增长、国家财富增长，等等。我们当前追求的科学发展观是一种可持续的发展，可持续的发展必然包括人口的可持续发展，人口的可持续发展是整个社会政治、经济等方面发展的基础，没有人口就没有最基本的劳动力，人是劳动生产中最基本的因素。自从2008年的金融危机以来，各个国家更加注重社会可持续发展，而不再是忽略其他社会要素，单一地追求经济或是社会的发展，所以，本书的研究对于可持续发展理论具有重要的研究意义。

当一个国家或是区域处于“人口红利时期”，这个国家或区域的人口老龄化状况如何？该国家或是区域的人口老龄化对于该国家或地区的区域经济发展有什么影响？两者之间有什么关系？这种关系对于当前社会发展具有什么指导意义？我们研究此关系的理论基础是什么？这是本书进行研究的前提假设和现实意义。科学发展观的核心是以人为本，基本的要求是全面地、协调地、可持续地发展。那么我们在经济高速增长的时期，更要注重整体经济发展的过程和某一经济发展过程中的各个因素，人口老龄化问题对于中国经济的影响可以凸显其重要性。总体来说，中国人口老龄化的基本状况是老龄人口增长速度快、规模庞大、地区情况各异、养老政策不完善等。我国的老龄人口在世界总的老龄人口中，大约占据1/5，这种形势很是严峻。而且，随着社会的发展，我国的老龄人口数量将会呈高速增长趋势，社会生产力短缺的问题也日益凸显出来，在发展中国特色社会主义市场经济的环境下，在有效控制人口增长速度的情况下，我们必须要统筹解决社会人口老龄化问题，这样才能有效地推动政治、经济、社会和文化等各方面的持续发展，才能建设一个富强、民主、文明、和谐的社会主义现代化国家，才能在21世纪中期实现中华民族的伟大复兴。

人口的老龄化对社会、经济的影响主要体现在三个方面。对经济制度的影响，主要体现在因为养老压力而推进的保险税收财政医疗制度方面的改革。对经济市场的影响，主要包括劳动力短缺带来的移民、生育方面的变化；老龄化带来储蓄和消费的变化及在护理、老年产业方面的新需求；老龄化导致的市场萎缩带来的竞争加剧和对技术创新、人才培养的重视。对经济社会环境的影响，主要指老龄化带来的理念变化。

关于本书的研究思路，笔者主要是基于区域人口红利的研究角度，在宏观的经济理论基础之上，通过生产和消费这两条路径，首先分析研究人口老龄化对一个地区经济发展的影响；其次利用经济增长模型分析人口老龄化对一个区域经济发展的影响状况；再次根据人口老龄化的情况，利用计量经济模型，推断出人口老龄化对一个区域经济发展的生产力、消费、产业结构调整和养老等各方面的影响状况；最后得出本书的主要结论，并且提出一些可行性建议和意见。

本书的研究分为如下几个部分：

第一章是导论。在导论的部分，笔者主要介绍了当前国内外关于人口老龄化研究的理论和实践状况，然后介绍了本书的研究目的、研究意义、研究方法以及研究的创新和不足。

第二章界定人口和老龄化的相关基本概念，归纳与人口有关的基础理论，并回顾经济增长理论的发展历程，分析人口老龄化对经济增长的影响途径。区域的经济发展和一个区域的人口老龄化状况密切相关，所以在本部分，笔者主要从生产和消费两个基本的角度，并且运用经济发展模型来定性和定量地分析人口老龄化对经济发展的影响。

第三章是基于人口老龄化视角的经济增长模型构建与经济效应评估。该部分在生产和消费上将人口老龄化因素纳入新古典经济增长模型中，通过对该模型的扩展，分析老年人口比重变动和老年人口保障支出变动等对区域经济增长的动态影响，发现人口老龄化对区域经济发展具有正负双重效应，同时应用SEM模型定量评估人口老龄化影响区域经济发展的正效应和负效应。

第四章是人口老龄化对区域经济发展的影响的定量分析和预测。该部分首先从一个宏观的角度分析了当前中国人口老龄化问题的状况，其次是以湖北省的人口老龄化发展历程为基本案例，分析了湖北省东西部人口老龄化问题、湖北省城乡人口老龄化问题以及地级市和地级市之间的人口老龄化差异等问题。关于这一部分人口的分析，笔者主要利用应用协整分析（cointegration）、格兰杰因果检验（Granger causality）、回归分析（OLS）、关联度分析、时间序列分析（time series）以及误差修正模型（ECM）等经济学的计量方法，分析得出的结果包括人口老龄化在以下几个方面的影响：经济支出、居民收入及分配、劳动力状况、居民养老状况、医疗看病费用和产业结构的发展等。

第五章是笔者根据以上的调查研究分析提出的可行性建议和意见。笔者提出的建议主要基于：经济发展状况、劳动力状况、产业结构的调整、社会养老制度的构建、社会养老金的保障，以及养老体制的转变等方面。

第六章是结论和展望。在本书研究分析的基础上，笔者认为人口的老龄化对于一个国家或是地区的经济发展具有重要的影响，而且这种影响会涉及一个国家或地区政治、社会、文化等各个方面。但是，人口老龄化虽然会对上述方面产生影响，可并不是本质的、决定性的影响。笔者希望通过本书的研究分析，在科学发展观的主导下，为我国的未来老龄化人口现状得到有效的缓解献计献策。

本书的主要研究宗旨是找出人口老龄化对区域经济发展影响的机理，通过构建数理模型等研究分析人口老龄化的正影响和负影响，分析人口老龄化对居民收入、劳动力状况和养老制度等的影响，并力求准确地分析未来人口老龄化的走向，为此做好理论和实践的准备，自如地应对未来人口老龄化问题。

目 录

第一章
导　论

第一节　背景及意义

一、研究背景

随着社会、科技的进步，人们生活水平的逐步提高，人们保健养生意识的不断增强以及医疗卫生系统的逐步完善，人们的生活质量不断提高，平均寿命呈现逐步延长的稳定趋势，由此出现了人口老龄化的现象。如今，世界各国的老龄化主要呈两种不同的趋势：老龄化发展平稳和老龄化发展迅速。

呈现出老龄化平稳发展趋势的国家主要以欧美发达国家为主，这些国家经济发展起步较早，也较早出现老龄化问题，如今进入了老龄化发展的平稳期。呈现出老龄化迅速发展趋势的国家主要以中国、日本、韩国等亚洲国家为主，这些国家现代经济发展的共同特征是起步晚、发展快，在老龄化快速发展过程中伴随着高龄化和女性化。这种趋势的差别，笔者认为是与经济发展的阶段紧密相关的，老龄化与人类预期寿命紧密相关，而预期寿命会随着经济发展而变化。欧美等发达国家经济发展起步早、时间长，预期寿命和出生率已经度过了快速增长期，所以老龄化处在一个稳定发展的阶段。而中国、日本、韩国等国家现代经济发展起步晚、时间短，经济正处在快速上升期，伴随而来的是国民生活环境的大幅度改善和预期寿命的迅速提高，催化了老龄化的进程（见表1－1）。

表1－1　　中国台湾及其他国家老年人人口比率增加所需年数　　单位：年

国家和地区	老年人口占7%～15%	老年人口占10%～20%
法国	131	76
瑞典	88	63

续表

国家和地区	老年人口占 7% ~15%	老年人口占 10% ~20%
意大利	63	42
英国	51	74
德国	44	58
美国	66	63
日本	26	21
中国台湾	26	20

资料来源：王英伟在 2010 年华人健康平台上的报告。

从表 1－1 中我们可以看出日本和中国台湾的老龄化发展速度要远快于欧美发达国家。

新中国成立 70 年来，我国人口结构发生了根本性转变——从典型的“金字塔”型转变为“重檐庙顶”型。1953 年第一次人口普查结果显示，0 ~14 岁人口占比 36.28%，老年人口仅占比 4.41%，属于典型的年轻型人口结构。20 世纪 70 年代初计划生育政策的实施促使我国人口结构开始向成年型逐步发展，并于 80 年代中期以后达到成年型。1990 年第四次人口普查中，0 ~14 岁人口比例已下降到 27.69%，而 15 ~64 岁的劳动年龄人口比例则迅速增长到 66.74%。而在世纪之交的 2000 年，65 岁以上人口已达 8 821 万，占全国总人口的比重突破性增长到 6.96%，同时老龄化指数①达到 30.4%。按照国际标准②，我国仅用短短 15 年时间就完成了人口结构从成年型向老年型的过渡，开始正式进入老龄化阶段（见图 1 –1）。

2000 年以来的近 20 年，我国的人口老龄化程度发展迅速，老龄化指数年均增长约 2%。2010 年第六次人口普查数据显示，0 ~14 岁人口的比例较第五次人口普查数据下降 6.29 个百分点，达 16.6%；15 ~59 岁人口的比重上升 3.36 个百分点，达 74.53%；65 岁及以上人口的比重上升 1.91 个百分点，达 8.87%，“少子老龄化”③ 现象正在加速（见图 1 –2）。截至 2011 年底，我国 60 岁以上

① 老龄化指数，也称老少比，是 65 岁以上占 0 ~14 岁人口的比重，该指标被作为反映人口老龄化程度以及人口年龄结构的综合性指标。

② 老年型人口的标准，也即老龄化指数超过 30%。老龄化社会的标准，也即 60 岁以上人口比重超过 10%，或 65 岁以上人口比重超过 7%。

③ 少子老龄化，指的是老年人口比重上升的同时，出生率却在下降。

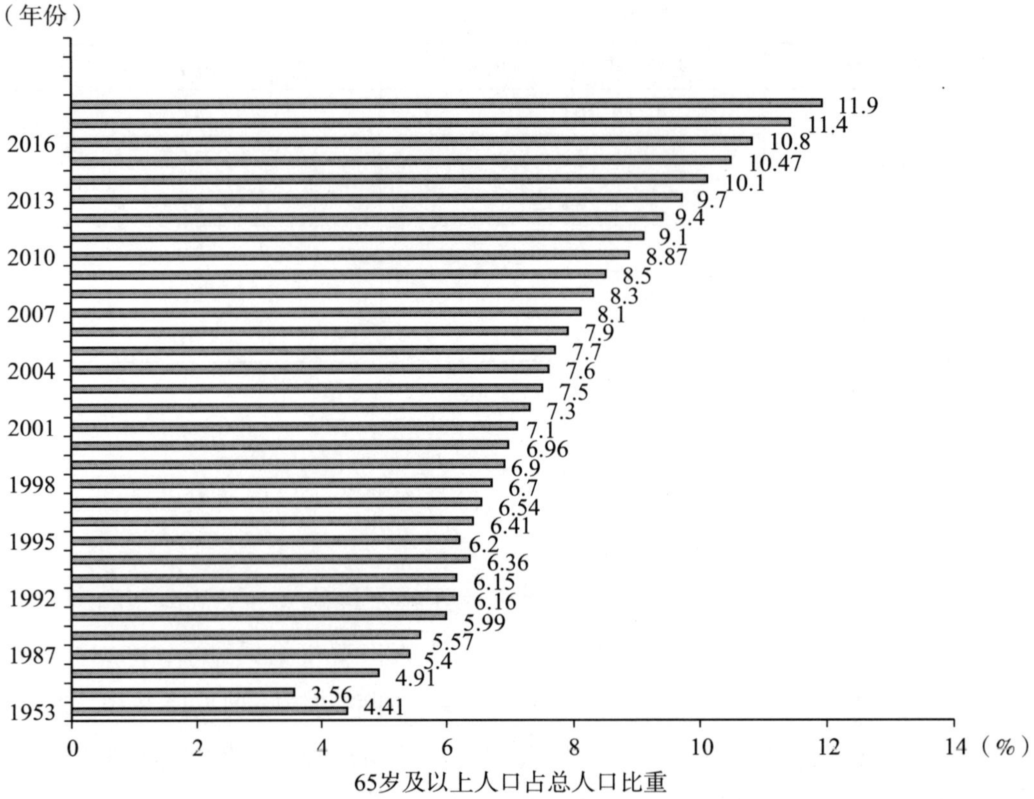

图 1－1　1953～2011 年我国老龄化程度的发展

资料来源：国家统计局：《中国统计年鉴》（2011），中国统计出版社 2011 年版；国家统计局人口和就业统计司：《中国人口和就业统计年鉴》（2010），中国统计出版社 2010 年版；国家统计局：《2011 年我国人口总量及结构变化情况》，中国政府网，www.gov.cn，2012 年 1 月 18 日。

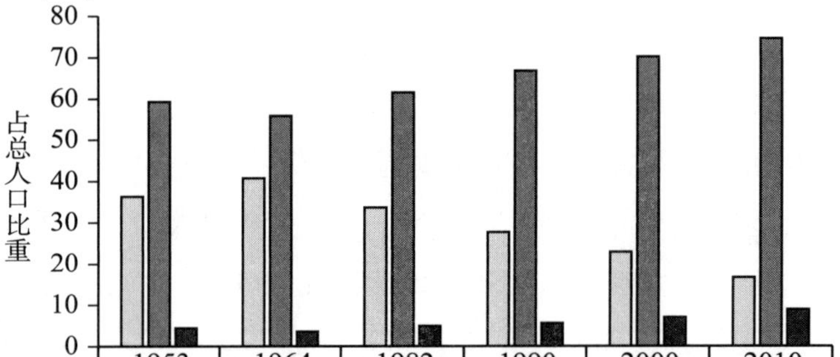

（年份）	1953	1964	1982	1990	2000	2010
0~14岁	36.28	40.69	33.59	27.69	22.89	16.60
15~64岁	59.31	55.75	61.50	66.74	70.15	74.53
65岁及以上	4.41	3.56	4.91	5.57	6.96	8.87

图 1－2　六次人口普查的人口年龄结构

资料来源：国家统计局：《中国统计年鉴》（2011），中国统计出版社 2011 年版。

老年人口数已达 1.85 亿，占全国总人口数的比重为 13.7%，其中 65 岁以上老年人口数达 1.23 亿，占全国总人口数的比重为 9.1%。根据国家统计局最新公布的统计数据，2018 年我国总人口中，60 周岁及以上人口约为 2.5 亿，占比 17.9%，其中 65 周岁及以上人口约为 1.7 亿，占比 11.9%。预计到 2050 年，我国老龄人口总数将达到 4.8 亿，届时每五个亚洲老年人中就有两个中国人，每四个全球老年人中就有一个中国人，老龄人口总数甚至大于美国、英国、德国三个国家的人口总和。2018 年我国老龄人口首次超过少儿人口，出生人口比 2017 年少了 200 万，下降幅度超过 10%。

据预测，自 2010 年起的未来 40 年，我国老年人口的增长幅度与增长速度都将远远超过总人口规模的增长（见表 1 - 2）。受 1953 ~ 1957 年和 1962 ~ 1973 年两次生育高潮影响，我国将有大量人口在 2013 ~ 2017 年和 2022 ~ 2033 年进入老龄期，而 1987 ~ 1991 年左右的第三次生育高潮则会将 60 岁以上或 65 岁以上老年人口数量于 2045 ~ 2050 年推向峰值，分别为 4.1 亿 ~ 4.3 亿人，约占总人口的 1/3，以及 3.2 亿人，约占总人口的 1/4。大约到 2025 年，我国 65 岁以上老年人口比重将从 2000 年的 7% 增长到 14%，历时仅为 26 年。[①] 而这一过程在发达国家大多需要 45 年以上的时间，其中，法国为 130 年，瑞典为 85 年，澳大利亚和美国为 79 年左右（李本公，2007）。

表 1 - 2　　2010 ~ 2050 年老年人口增长趋势

年份	总人口（亿）		60 岁以上人口（亿）		占总人口比重（%）		65 岁以上人口（亿）		占总人口比重（%）	
	全国老龄办预测	联合国预测	全国老龄办预测	联合国预测	全国老龄办预测	联合国预测	全国老龄办预测	联合国预测	全国老龄办预测	联合国预测
2010	13.60	13.41	1.74	1.65	12.78	12.3	1.17	1.10	8.59	8.20
2015	14.08	13.70	2.15	2.06	15.28	15.1	1.39	1.30	9.85	9.50
2020	14.44	13.88	2.48	2.41	17.17	17.4	1.74	1.66	12.04	12.00
2025	14.61	13.95	2.93	2.82	20.06	20.2	2.00	1.96	13.69	14.00
2030	14.65	13.93	3.51	3.40	23.92	24.4	2.38	2.29	16.23	16.50

① 全国老龄工作办公室：《中国人口老龄化发展趋势预测研究报告》，2006 年。

续表

年份	总人口（亿）		60岁以上人口（亿）		占总人口比重（%）		65岁以上人口（亿）		占总人口比重（%）	
	全国老龄办预测	联合国预测	全国老龄办预测	联合国预测	全国老龄办预测	联合国预测	全国老龄办预测	联合国预测	全国老龄办预测	联合国预测
2035	14.61	13.82	3.94	3.87	26.96	28.00	2.86	2.79	19.55	20.20
2040	14.51	13.60	4.04	4.00	27.88	29.4	3.19	3.17	21.96	23.30
2045	14.32	13.31	4.13	4.14	28.84	31.1	3.21	3.23	22.40	24.30
2050	14.02	12.96	4.34	4.39	30.95	33.9	3.23	3.31	23.07	25.60

注：全国老龄工作委员会办公室简称全国老龄办。

资料来源：李本公：《中国人口老龄化发展趋势百年预测》（中方案），华龄出版社2007年版；World Population Prospects：The 2010 Version，United Nations Department of Economic and Social Affairs，Population Division，New York。

可以说，人口老龄化是世界各国所共同面临的一个关键性问题。按照国际的标准，人口老龄化，是指60岁及以上人口占总人口的比重超过了10%，或者是65岁及以上的老龄人口占总人口的比重超过了7%。

据2005年联合国的报告显示，到2050年世界60岁老年人口将达到21.7%，65岁以上老年人口将达到16.1%，这大大超过了人口老龄化标准。人口老龄化对世界造成了巨大的影响，包括人口结构、思维方式、经济生活等各个方面。

根据马德里老龄问题国际行动计划，2002年该计划指出，在过去的20世纪，人口的寿命发生了巨大的变化，相对于20世纪中期的人口寿命来说，在20世纪末，平均人口寿命延长了20年，到21世纪中期，人口平均寿命会再延长10年左右，人口寿命的普遍延长，说明至21世纪中期，60岁的人口会增长至20亿左右，全球老龄人口数量呈爆炸式增长。联合国经济与社会事务部人口司在一份名为《世界人口展望2019：重点》的新报告中预计，到2050年的时候，65岁以上老人的比例将增长到16%，而目前的比例是9%。从地区来看，欧洲和北美的老龄化问题最为严重，65岁以上人口将占到25%。至于我国的老龄人口，早在2004年底已经达到1.43亿，占据总人口比重的10.97%，到达2026年，将会达到2亿，占据总人口比重的12%左右，并且每年以3.2%的人口增长速度递增。

老龄化已经成为世界不得不面对的一个问题，对老龄化问题的研究关系到未来经济和社会发展的大局。

二、本书研究意义

在人口的发展过程中，随着社会经济的发展，人们的生活水平不断提高，那么，人口寿命也会随着生活条件的改善而增长，这是人口发展的必然环节。人口老龄化与一个国家或地区的经济发展状况紧密相关，生产和消费是经济发展的必然环节，对于经济发展来说，人口老龄化会影响生产环节和消费环节，所以，人口老龄化对于一个国家或是地区的经济发展有着必然影响。

人口老龄化是人口发展进程中出现的一个必然现象，它与区域经济发展之间有着必然的内在关联。因为生产和消费是区域经济发展中的重要环节，而人口老龄化对生产和消费均有影响，也就必然会影响区域经济的发展。当一个国家或是区域处于“人口红利时期”，这个国家或区域的人口老龄化状况如何？该国家或是区域的人口老龄化对于该国家或地区的区域经济发展有什么影响？两者之间有什么关系？这种关系对于当前社会发展具有什么指导意义？我们研究此关系的理论基础是什么？这是本书进行研究的前提假设和研究的现实意义。科学发展观的核心是以人为本，基本的要求是全面的、协调的、可持续的发展。那么我们在经济高速增长的时期，更要注重整体经济发展的过程和某一经济发展过程中的各个因素，人口老龄化问题对于中国经济的影响可以凸显其重要性。总体来说，中国人口老龄化的基本状况是老龄人口增长速度快、规模庞大、地区情况各异、养老政策不完善等。我国的老龄人口在世界总的老龄人口中，大约占据1/5，这种形势很是严峻。随着社会的发展，我国的老龄人口将会呈高速增长趋势，而且社会生产力短缺的问题也日益凸显出来，在发展中国特色社会主义市场经济的环境下，在有效控制人口增长速度的情况下，我们必须要统筹解决社会人口老龄化问题，这样才能有效地推动政治、经济、社会和文化等各方面的持续发展，才能建设一个富强、民主、文明、和谐的社会主义现代化国家，才能在21世纪中期实现中华民族的伟大复兴。

具体来说，人口老龄化的状况会影响一个国家或是地区的政治、经济、社会和文化等各个方面，而且这些影响与我们日常生活密切相关。它的影响包括：国家或是地区的经济发展、居民收入分配、劳动力的生产、劳动力的供求、居民财富增长、国家财富增长，等等。我们当前追求的科学发展观是一种可持续的发展，可持续的发展必然包括人口的可持续发展，人口的可持续发展是整个社会政治、经济等方面发展的基础，没有人口就没有最基本的劳动力，人是劳动生产中最基本的因素。自从2008年的金融危机以来，各个国家更加注重社会可持续发展，而不再是忽略其他社会要素，单一的追求经济或是社会的发展，所以，本书的研究对于可持续发展理论具有重要的研究意义。

第二节　当前研究现状

一、基本研究内容

从研究来看，老龄化对世界经济的影响主要体现在三个方面。首先是对经济制度的影响，主要体现在因为养老压力而产生的保险、税收、财政、医疗制度方面的改革。其次是对经济市场的影响，主要包括劳动力短缺带来的移民、生育方面的变化；老龄化带来储蓄和消费的变化及在护理、老年产业方面的新需求；老龄化导致的市场萎缩带来的竞争加剧和对技术创新、人才培养的重视。最后是对经济社会环境的影响，主要指老龄化带来的理念变化。

（一）对经济制度影响的研究

人口老龄化对经济制度的影响体现在社会保障、医疗、保险、税收等方面。随着老年人口比例的不断增加，老年人对养老、医疗、护理的需求逐渐体现出来，相比社会其他年龄层，老年人口收入低、患病率高，对制度帮扶的依赖度更高，这给社会带来了一系列问题，从而促使经济制度的改革。

老龄化对经济制度的影响主要体现在医疗制度、养老制度和退休制度上，究其原因有三个：一是老龄人口的增加带来了更大的医疗需求，现有的医疗制度供给难以满足日益增加的老龄人口的需要，各国都先后出现了财政上的问题，不得不对医疗制度进行改革，以适应老龄化的需要；二是由于老龄化带来的社会负担加重，固有的现收现付制的养老制度已经难以维持；三是老龄化带来的社会平均年龄的推后，社会对老龄人口进行了重新定位。

1. 医疗制度不适应之处和改革

从国际形势可以看出，老龄人口带来医疗需求的扩大是一个不可避免的现状。老龄人作为社会上相对弱势的群体，不管从道德上还是法律上来看都需要更多的社会关注和帮扶，因此，要维持社会的稳定和和谐，国家必须改革制度满足老龄人口的需求，然而由此产生的财政问题却很难避免。曹莹（2012）阐述了德国人口老龄化使德国在养老医疗方面的社会保障压力持续增加。随着德国退休者不断增加、劳动者不断减少，德国养老和医疗出现了重大缺口。根据预测，德国在2040年每两个劳动力就要负担一个退休者。这导致德国社会保险出现了巨大赤字。屈毅博（2012）阐述了美国老龄化对医疗制度的挑战。据统计在20世纪90年代，有1/3的联邦预算用于65岁以上的老年人，全国医疗支出中，用于老年人的占1/3。

从研究中可以看出，各国都在向实现社会稳定和财政稳定的双赢方向努力，以日本医疗制度为例，一方面其通过更详细的规定对老龄人口分级提供更适合的医疗服务，另一方面则通过对保费负担的分担以减少财政压力。王峥（2012）对日本高龄者医疗保险制度的变迁进行了系统的阐述。他提出日本经历了一个全民保险到不断减少保障范围、分散压力的过程。1961年，日本形成了“国民皆保险”的局面。1963～1967年，日本老人逐渐免费医疗。但是老龄化和经济危机对日本的医疗制度产生了巨大的冲击，随着日本经济的高速发展，日本的医疗给付不断提高，在1973年更是实现了对70岁以上老人的免费医疗，日本医疗制度不得不进行一次次改革来应对老龄化问题，缓解财政压力。1983年的“老人保健制度”分散处理了本来由国民健康保险承担的老年医疗费用，变为由国民健康保险制度和其他医疗保险制度的参保人共同负担。1984年，老年人免费医疗制度被取消。2000年，老年人医疗费的个人负担改为10%。2002年，政府规定一定收入以上的老年人要负担医疗费用的20%；同年表示政府将会把老人保健制度的对象年龄从70岁提高到75岁。2005年，日本又创立后期高龄者医疗制度，将75岁以上的老人及65岁以上的残障老人纳入其中。老龄化对日本的医疗保险造成了巨大的压力，促使其不断变化。从世界其他国家的现状可以看出，双赢将是未来各国医疗制度改革的趋势。

2. 养老制度的不适应之处和改革

养老保险中的现收现付制是指以同一个时期正在工作的一代人的缴费来支付已经退休的一代人的养老金的保险财务模式。从文献中我们可以看出，由于老龄化的加剧，各国老年抚养比加大，有的国家甚至会出现2个劳动力供养一位65岁以上老人的现象。屈毅博（2012）提到为了应对老龄化，美国实行了比较完善的老年人社会保障制度，以保障老年人的社会权益和社会稳定，但越来越大的老龄化比例对该制度构成了威胁，预计到2030年也将出现两个劳动力养活一个65岁以上老人的状态。王运祥、周洁（2012）阐述了日本老龄化对年金制度的影响。在年金制度方面，日本实施的是现收现付制，通过制定《国民年金法》，实现了“全民皆年金”，从而将养老的经济供给分散开来，由自助转向了公助、互助及自助的结合体，老年人可以通过社会福利、退休金等途径获取经济保障。然而随着老龄化的加剧、劳动力比例的减少，现收现付制必然会受到挑战。

劳动力的负担加重使得社会分配更多地向老年人口倾斜，对社会的再生产和劳动力的积极性会产生不利影响，长此以往，必将形成恶性循环，导致社会总分配额减少，劳动力对养老制度存有抵触。因此，改革现收现付制，实行多支柱的养老是各国现在及未来的发展趋势。曹莹（2012）阐述了德国放弃现收现付制，将单一的养老保险发展为依靠养老保险、津贴、税收减免、基金制的多支柱养老保险体系。韩枫、庄亚儿（2011）提到，俄罗斯为了应对老龄化带来的养老负担加剧，进行了一系列改革。俄罗斯建立了“三支柱”的养老保障体系，并于2002年开始着手改变退休金体系，包括确保退休金稳定发放等。此外，俄罗斯通过统一征收社会保险费来增加社会保险金收入，并创立了“国家福利基金”来弥补养老体系的不足。

3. 老年人的再定位

随着老龄化而来的一个重要变化是对老年人的再定位，主要是年龄上和能力上的再定位。随着社会平均年龄的增加，低龄老年人群体被从老年人中单列出来。低龄老年人是指年龄在 60～70 岁的老人，这个阶段的老年人尚具有一定的生产能力，能够为社会做贡献。现如今，很多国家都推迟和考虑推迟退休年龄，这一方面减轻了社会压力，另一方面也发挥了老年人的价值。

各国对老年人的再定位已经体现在了经济制度上。曹莹（2012）提到德国决定将强制退休年龄从 65 岁提高到 67 岁，并可能在未来提高到 70 岁。顾玉清（2011）提到，为了应对老龄化，法国实行弹性退休制度延长退休年龄，设法推迟整体社会的衰老期。解韬（2012）阐述了英国养老金存在巨大的财政风险，给纳税人带来了负担，为了应对老龄化，英国延长了退休年龄，改革了退休制度。

（二）对经济市场的影响

老龄化对经济市场的影响主要体现在劳动力、储蓄、消费、技术创新和人才培养方面。

1. 劳动力短缺和移民政策变化

劳动力短缺的问题随着老龄化的加剧而凸显出来。这个短缺体现在相对和绝对两个方面。一方面，老龄化使得社会老年抚养比不断上升，直接导致劳动力负担加重，与老年人口相比，劳动力相对不足。另一方面，随着经济的发展，世界主要的发达国家和部分发展中国家中生育率不断降低，部分欧洲国家甚至一度出现人口负增长。劳动力的短缺对经济生产的展开产生了消极的影响。因此，移民政策和鼓励生育成为了各国的工作重心。

国内外许多学者都对劳动力问题进行了研究。李晨（2007）在分析日本少子老龄化时提到，老龄化给日本带来了巨大的劳动力缺口，预计 2030 年日本劳动人口比率将由 2004 年的 65% 下降到 60%，成为日本经济长期发展的障碍。曹莹（2012）提到德国为了应对劳动力缺口，鼓励生育，并实施了劳动力市场一体化策略，通过从其他劳动力充足国家引进劳动力来解决本国劳动力不足问题，并积极鼓励移民，在 2010 年已达到了 15/82 的移民比例，成为欧洲移民最多的国家。韩枫、庄亚儿（2011）提到，俄罗斯为了应对老龄化而侧重于吸收移民，特别是青年人口。顾玉清（2011）阐述了法国生育和移民政策的变化。法国为了应对老龄化而实施了积极的生育政策，对生育孩子的妇女提供津贴，逐渐走出了人口金字塔的阴影；对移民也开始重视，由被动接受移民变为主动选择性的接受移民。陈颐（2010）在总结我国台湾人口老龄化时提到，老龄化已经对台湾地区的劳动力供给和劳动参与率产生了影响。解韬（2012）提到，英国认为外来移民在解决老龄化问题中起到了重要作用，英国通过放宽移民政策，打击非法移民来鼓励移民。

2. 储蓄的减少和消费的双重影响

老龄化对储蓄的影响主要体现在其造成了总储蓄的减少，而老龄化对消费的影响则有消极和积极两个方面。消极方面是老龄化带来了总人口和对电视机等耐用消费品的需求降低，这影响社会固有的总需求，造成其下降。然而老龄化亦有积极方面，随着老年人口的增多，老年人的特有需求也进入了市场参与者的视线，而其中最为明显的需求就是老年人对护理的需求，从文献可以看出，日本、美国、德国等国都不同程度上对护理加以重视。可以预见，随着老龄化的进程，老年人的新需求必会不断出现，市场若能对之及时作出反应，未尝不是一种机遇。

国内外对这个问题的代表性研究主要有：李晨（2007）阐述了日本老龄化对储蓄和消费的影响。他提出在消费方面，少子老龄化带来的总人口减少降低了消费总需求，经济负担加重使得人们的消费观趋于保守，不利于社会再生产的扩大；在储蓄方面，由于高龄人口的增加带来了储蓄率的下降，使得国内资金不足。王峥（2012）提到，随着老龄化加剧，不需要治疗但生活不便的老人增多，社会上出现护理需求，2000 年，日本政府基于此建立了护理保险制度。曹莹（2012）提到德国于 1995 年启动了长期护理保险，成为继养老保险、医疗保险、事故保险、失业保险后的国家支柱险种，为老年人提供急需的护理服务。韩枫、庄亚儿（2011）提到老龄化降低了俄罗斯的储蓄水平和个人消费。他们认为老龄化使得国民总储蓄降低，同时由于部分老年人口收入降低、身体衰弱，从而对住房、电器等耐用消费品的需求降低，抑制了俄罗斯经济的增长。何靖楠（2012）提到美国对护理需求的重视。美国大力开展护理服务和护理教育，认为护理在某种程度上对老人比医疗更重要，虽然美国护士认证中心的报告显示美国护士存在不足，但美国正通过教育改善这种状况。戴卫东（2011）提到，台湾地区因为老龄化而产生了极大的家庭照料负担，护理需求凸显，因此台湾地区从 1994 年开始推行一系列长期护理政策，包括坚持居家护理的理念、推行

“在地老化”社区护理政策、实施护理产业商业化运作。孙艺如、申亚民（2012）总结了西班牙的老龄化现状，提到高龄老人护理问题已经成为西班牙的重中之重。西班牙的老龄化十分突出，2010 年 65 岁以上的老年人比例已达到 18%，现如今养老服务和护理服务的需求与现存的养老设施以及养老护理人员的数量不成比例，存在巨大的缺口。

3. 对技术进步和人才培养的重视

技术进步和人才培养一直以来都受到世界各国的重视，在我国更是一直作为基本政策存在。老龄化进一步让世界认识到了其重要性。随着老龄人口的增加，劳动密集型和资源密集型的发展模式已经同劳动力短缺、人口平均年龄上升的现状产生了冲突，技术和人才才是 21 世纪经济发展的关键。从研究文献可以看出，世界各国都采取了一定的政策表示了对技术和人才的重视，这必将在很长一段时间内成为世界发展的趋势。

从研究中看出，老龄化导致的市场萎缩带来了竞争加剧和对技术创新、人才培养的重视。李晨（2007）在分析日本少子老龄化后进一步提到，由于社会总需求和总消费的减少，市场出现了萎缩，为了求得生存，内需型企业不得不加剧竞争，企业合并案例大幅度上升，而劳动力的减少和资金的减少使得劳动密集型和资金密集型经济发展出现了障碍，技术革新成为了经济转型的方向。曹莹（2012）提到德国全面实施教育改革，在高等院校实施“博洛尼亚进程”，并通过职业培训培养人才。德国通过教育旨在培养出适应老龄化现状的专业技术人才，促进经济发展。韩枫、庄亚儿（2011）提到俄罗斯通过优惠和倾斜政策，改善科研条件，培养科技人才。解韬（2012）提到为了应对老龄化，英国通过增加教育支出、重视青少年培训等方式大力开发人力资源。其成果十分显著，2002 年，英国就业人口中有 17% 受过高等教育，而在这些受过高等教育的人口中有 38% 是有资质的科学家和工程师。

（三）对经济社会环境的影响

老龄化对经济的影响不仅体现在经济制度和市场上，还体现在人们对老龄人认识的变化上。老年人口增加的现实使得世界不得不将视线转向这个群体，研究他们的需求、价值和生活方式。认为老年人是弱者和社会负担的观点开始发生转变。为了实现在老龄化条件下的发展，挖掘老年人的价值成为了经济的新增长点。老年人以其独有的社会技能和经验同样可以对社会做出贡献。而且现在各国也展开了对老年人生活方式的探讨，如我国正在讨论的社区养老、家庭养老、养老社区。老年人在人生中为社会发展做出了巨大贡献，现在他们年老，需要照顾也应当得到良好的照顾。老龄化使各国更深刻地认识到了社会对老人的责任，经过对老年需求、生活、价值的再认识，各国都以为老人营造良好的养老环境而努力。

相关代表性研究有：屈毅博（2012）分析了老龄化对美国传统年龄价值观的冲击。美国作为一个崇尚青春、崇尚活力的国家，一度对老年人口存在歧视，认为他们是社会的负担。但是随着老年群体数量的增加，美国不得不开始重视老龄人的权益和价值。美国开始认识到变老是必经阶段，老龄人为社会做出过贡献，应当给予扶助，并且老年人是蕴藏着技能、经验、智慧的人才宝库，能够创造巨大的生产力，应当挖掘老年人潜能，开发老年人才资源。解韬（2012）提到，英国人通过老龄化认识到老年人应当积极融入社会和自立，倡导积极老龄化。英国也认识到老年人的特殊困难，战略重点已从单纯保护老年人转向保护老年人的财产，特别是对住房的房租资助和维修。曹莹（2012）提到德国根据老人需求，实施了居家养老和机构养老两种方式。王运祥、周洁（2012）阐述了日本养老观念的转变。韩枫、庄亚儿（2011）也提到俄罗斯根据老人需要，实施多样化养老模式。顾玉清（2011）介绍了法国的“夕阳红”计划，该计划因老龄化而制定，体现了法国人倡导健康生活、注重疾病防治、提高技术服务、丰富社会生活等养老理念。

二、国外研究现状

人口老龄化问题在当今世界显得比较突出，尤其在欧美发达国家，人口老龄化问题更加凸显，所以国外学者对此关注甚多，自从20世纪80年代末，欧美国家的学者就开始做了大量关于人口老龄化的研究分析，理论研究成果甚多，对于具体实际具有一定的理论指导意义。国外学者关于人口老龄化的研究成果主要有：

1. 人口老龄化对经济增长和社会福利的影响

彼得森（Peterson）认为人口老龄化现象会对社会造成一定的负面影响，这种负面影响主要体现在六个方面：第一是社会医疗卫生事业的要求，医疗卫生费用大幅度上涨；第二是社会整体养老费用的支出比例在社会其他方面所占比重越来越高，社会养老负担庞大；第三是经济由此不断恶化；第四是社会劳动人口不足，人力资本下降；第五是社会收入下降，支出增多，社会的储蓄率下降；第六是经济没有活力，难以改革。①

费尔德斯坦（Feldstein）则根据国际数据的研究和调查，分析了随着老龄人口的不断增多，社会保障费用大量支出，由此导致了社会储蓄的大量减少，私人储蓄减少了60%左右。②

史蒂芬·布鲁诺、乔治·赫斯特（Stephan Brunow and Georg Hirte）以欧盟的人口老龄化现象为调查实例，分析了不同年龄结构人群的产出状况，指出老龄人口和少年人口对于社会经济的产出甚微，只有处于中间阶段的劳动人口，即30～44岁年龄段的人口为社会经济的发展所进行的产出，效果显著。③

山田（Yamada）研究发现，人口老龄化程度较高、经济水平较为发达的国家或地区老龄化效应对收入不平等的贡献率较高，而人口老龄化程度较弱、经济发展程度较低的国家或地区老龄化效应的贡献率相对较低。

雅库布·比亚克等（Jakub Bijak et al.）的研究重点是人口迁移对社会经济发展的影响。他指出，人口的迁移不仅不会减轻人口老龄化的影响，而且在某些方面，还有可能会加重区域人口老龄化。④

岛泽学夫、住山秀树（Manabu Shimasawa and Hidetoshi Hosoyama）主要是通过研究日本、中国、韩国、新加坡、中国台湾这五个亚洲国家和地区的人口转变理论来分析人口的结构因素和社会福利水平之间的关系，他通过相关研究，得出的结论是老龄人口对于社会的收入、储蓄、价格和经济福利的影响巨大，人口老龄化现象将会深刻的影响亚洲国家和地区的经济增长速度。但是实施一定

---

① Peterson, Peter G.. *Gray Dawn: How the Coming Age Wave Will Transform America—and the World.* New York: Random House, 1999.

② Martin Feldstein. Tax Policy and International Capital Flows. *Review of World Economics*, 1994, 130 (4): 675 - 697.

③ Stephan Brunow, Georg Hirte. Age Structure and Regional Economic Growth. *Jahrbuch Für Regional Wissenschaft*, 2006, (26): 3 - 23.

④ Jakub Bijak et al.. Population and Labor Force Projections for 27 European Countries, 2002 - 2052: Impact of International Migration on Population Ageing. *Europe Journal of Population*, 2007, 23: 1 - 31.

的改革可以减少这种负面影响。①

彼得·布罗（D. Peter Broe）则主要是以荷兰的人口状况为实例进行了相关的分析，他指出荷兰的当前人口老龄化现象造成了荷兰高支出的社会福利，这种社会福利会导致社会净福利的损失。②

2. 人口老龄化对消费、储蓄和资本积累的影响

若林史江（Midori Wakabayashi）则是运用数据分析的手段，以日本家庭的储蓄为研究标准进行研究，他指出老龄化的人口结构会减少家庭的储蓄，对不同的生命周期的人会进行不同的储蓄安排，这些储蓄安排会对其一生的不同时期产生重要的影响，出于利益最大化的考虑，人总是会尽量发挥这些储蓄的最大化效益。③

金杜高、金孝顺（Doh－Khul Kim，Hyungsoo Kim）也是立足于储蓄方面进行相关的人口老龄化研究分析，他们主要采用时间序列的方法，研究不同的历史时期人类储蓄的变化，以及一个人的不同发展时期储蓄的变化，发现老龄化现象对一个人一生的储蓄收入安排影响较大，但是对一个特定的时期，某个国家长期的平均储蓄水平并不是特别明显的反映老龄化影响。④

陈开基等（Kaiji Chen et al.）则主要以日本的储蓄率研究为目标，将人口老龄化、社会生产率和财政政策作为影响研究分析的主要因素。⑤

雅基拉·雅基塔（Jakira Yakita）主要研究分析了老龄化对于私人资本和公共投资的影响，发现随着人口老龄化的加剧，公共投资的选择方向发生了变化，私人资本的积累和投资方向出现了两难的境地，我们无法通过私人资本和公共投资的支出比重变化来取得最大化的经济平衡发展。⑥

3. 人口老龄化对劳动力就业和人力资本的影响

威利·莱布弗里茨和沃纳·罗格（Willi Leibfritz and Werner Roeger）则表示

---

① Manabu Shimasawa，Hidetoshi Hosoyama. *Economic Implications of an Aging Population：The Case of Five Asian Economies*. ESRI Discussion Paper Series，2004，117：35－38.

② D. Peter Broer. Growth and Welfare Distribution in an Ageing Socity：An Applied General Equilibrium Analysis for the Netherlands. *De Economist*，2001，149：81－114.

③ Midori Wakabayashi. The Retirement Consumption Puzzle in Japan. *Journal of Population Economics*，2008，21：983－1005.

④ Doh－Khul Kim，Hyungsoo Kim. Aging and Savings in Korea：A Time－Series Approach. *International Advances in Economic Research*，2006，12：374－381.

⑤ Kaiji Chen et al.. The Japanese Saving Rate between 1960 and 2000：Productivity，Policy Changes，and Demographics. *Economic Theory*，2007，32：87－104.

⑥ Akira Yakita. Aging and Public Capital Accumulation. *International Tax Public Finance*，2008，15：582－598.

人口老龄化和劳动投入的减少密切相关。老龄化人口比重的增加，会导致劳动人口比重的下降，进而导致社会劳动投入的不足，劳动投入的不足就会导致社会整体产出的大量下降，那么经济增长的速度就会出现下滑。①

金周永（2015）认为，一个国家进入老龄化社会后，劳动力供给数量会减少，青壮年劳动力数量减少的同时伴随着高龄劳动力数量的增加，高龄劳动力由于自身健康状况的衰退，技术消化能力也随之下降，劳动生产率因此会降低。但是，从长远观点看，出生率下降导致的人口老龄化会缩小人口总量增加的幅度，进而会提高劳动生产率。

宫泽一郎（Kazutoshi Miyazawa）认为人口老龄化对于社会经济的发展具有两种效应，一种是非刺激效应，另一种是产品的多样化，这是由人口结构转变所带来的。所以，相应地，他得出两种结论：生育率的下降会给社会带来危机，死亡率的下降会给社会的发展带来机会。②

保拉·普罗费塔（Paola Profeta）则主要利用大量的调查数据，分析人口老龄化对社会人员退休年龄的影响。由于社会劳动力的缺乏和社会生产的需要，一个国家的老龄化人口现象越严重，那么它的退休年龄就会越推迟，同时，为了承担对社会老龄人口的抚养，社会的保障性支出相对的就需要增加比重。③

4. 人口老龄化对养老和医疗服务等社会保障的影响

汤高（Yutaka，2012）研究发现，在日本，老年人的社保支出在社会保障支出中所占比例最大，而社保支出过多用于老龄人口，会对经济发展产生不利影响。人口老龄化带来社会保障支出增加的同时，还推动了养老保障制度的改革。

格德瑟姆等（Ulf - G. Gerdtham et al.）主要分析了财政税收和医疗服务水平在人口老龄化影响下的变化趋势，其得出的结论显而易见：财政税收会随着人口老龄化的加剧而越来越少，而医疗支出却越来越多。④

大卫·E. 威尔达斯（David E. Wildasin）则指出世界上经济发达地区的人口

① Willi Leibfritz, Werner Roeger. The Effects of Aging on Labor Markets and Economic Growth. *Journal of Population Economics*, 2007, 12: 34 - 63.

② Kazutoshi Miyazawa. Incentives and Product Variety in an Aging Economy. *International Tax and Public Finance*, 2001, (8): 595 - 607.

③ Paola Profeta. Aging and Retirement: Evidence Across Countries. *International Tax and Public Finance*, 2002, (9): 651 - 672.

④ Ulf - G. Gerdtham et al.. The Ageing of Society, Health Services Provision and Taxes. *Journal of Population Economics*, 2005, 18: 519 - 537.

老龄化现象特别严重，社会的养老负担也越来越重，随着老龄化的加剧，社会的税收会相应的加重，社会财政对于养老的支出比例提高，社会保障、社会教育等成本越来越大。社会经济的发展因此会受到损失。①

约瑟夫·鲍姆加特纳等（Josef Baumgartner et al.）则是采用构建模型的方法进行研究和分析，他们将社会的人群分成了六个不同的年龄群体，对于每个群体，分析他们各自的特点，并且根据这些特点进行模型构建，力求分析出人口老龄化对社会经济发展的影响。通过模型的分析，发现人口老龄化对社会的三个方面产生影响：首先是对人口发展的影响，其次是对劳动市场的影响，最后是对社会生产的影响。②

5. 人口老龄化对公共财政政策的影响

大卫·豪纳（David Hauner）指出，要想维持公共财政对于社会可持续发展的支持，那么我们要做的就是调整对于非老年人口的财政支出，这一调整措施需要经历很长一段时间才能完成。③

桥本健一和肯·塔巴塔（Ken-ichi Hashimoto and Ken Tabata）则从医疗者和非医疗者这一模型出发，认为当前由于老年人口和社会医疗者的比重不断增加，社会对于医疗者的大量资金投入，会减少对于其他社会成员的财政关注，引起冲突。④

6. 人口老龄化对社会保障制度效应的影响分析

小野寺（Tetsuo Ono）指出，对于劳动人员而言，劳动时期的养老金制度会抑制年轻时候的储蓄水平以及消费水平，那么，建立一种全社会范围的比较高水平的社会养老制度，就有利于居民个人工资收入的实际增长，有利于社会经济的平稳发展。⑤

伊冯·阿德玛等（Yvonne Adema et al.）则对比了两个存在不同类型养老金制度的国家的经济发展状况。他指出，从长远来看，实行养老金基金制度的国家，这种养老金制度对于社会经济的发展会有负面的增长效益，但是从短期来

---

① David E. Wildasin. The Marginal Cost of Public Funds with an Aging Population. *Journal of Population Economics*, 1991,（4）：111－135.

② Josef Baumgartner, Helmut Hofer, Serguei Kaniovski, Ulrich Schuh, Thomas Url. Employment and Growth in an Aging Society：a Simulation Study for Austria. *Empirica*, 2006, 33：19－33.

③ David Hauner. Aging：Some Pleasant Fiscal Arithmetic. *International Atlantic Economic Society*, 2007, 13：347－364.

④ Ken－Ichi Hashimoto and Ken Tabata. Population Aging, Health Care and Growth. *Journal of Population Economics*, 2008, 11：25－28.

⑤ Tetsuo Ono. Unemployment Dynamics in an OLG Economy with Public Pensions. *Economic Theory*, 2007, 33：549－577.

看，这种基金制度有利于社会经济发展；现收现支的养老制度则与预期效果相差甚远，但是从长期来看，实行现收现支的养老金制度效果比较好。①

罗维娜·A. 佩切尼诺和开尔文·R. 滕多夫（Rowena A. Pecchenino and Kelvin R. Utendorf）指出当劳动者的收入为既定时，其收入的一部分需要用于储蓄，一部分需要用于赡养老人，而另一部分却又需要负担子女的教育，这会抑制经济的增长，而且不利于社会福利提高。②

胡安·拉孔巴和弗朗西斯科·拉各斯（Juan A. Lacomba and Francisco Lagos）指出随着老龄人口的不断增长，相应地，社会为了应对这种变化，会延迟退休年龄，以解决社会劳动力短缺问题。③

彼得·布罗尔（D. Peter Broer）要求提高养老金的使用效率，且不能损害当前劳动人员的利益以承担社会福利的高支出。④

7. 人口老龄化对区域经济其他视角的研究

小野泰雄和前田康夫（Tetsuo Ono and Yasuo Maeda）通过研究发现，人口老龄化现象与人类生存的不确定性进而经济外部性密切相关，人口老龄化对于环境具有非常重要的影响。⑤

安德鲁·奎恩（Andrew Quinn）主要基于城镇的角度，研究老龄人口的健康问题。从全球范围来看，随着全球经济的发展，全球城镇化率不断提高，到目前为止，大约有一半的人口居住在城镇，而且据相关数据推测，在 2030 年，全球的城镇化人口将会达到 60% 左右。那么这些生活在城镇中的老龄人口，他们的生活水平、健康程度如何受人关切？为了促进城镇老龄人口的健康程度不断提高，在未来的全球发展进程中，我们必须要求提高社会福利水平，包括医疗条件的改善、消费水平的提高、居住环境的改善等。⑥

---

① Yvonne Adema et al. . The international Spillover Effects of Pensions under Population Ageing. *Journal of Population Economics*, 2008, 21: 933 - 959.

② Rowena A. Pecchenino, Kelvin R. Utendorf. Social Security, Social Welfare and the Aging Population. *Journal of Population Economics*, 1999, 12: 607 - 623.

③ Juan A. Lacomba, Francisco Lagos. Reinforcing the Link between Contributions and Pensions: The Effect of the Population Aging. *International Advances in Economic Research*, 2006, 12: 530 - 539.

④ D. Peter Broer. Growth and Welfare Distribution in an Ageing Society: an Applied General Equilibrium Analysis for the Netherlands. *DE ECONOMIST*, 2001, 149: 81 - 114.

⑤ Tetsuo Ono, Yasuo Maeda. Is Aging Harmful to the Environment. *Environmental and Resource Economics*, 2001, (20): 113 - 127.

⑥ Andrew Quinn. Healthy Aging in Cities. *Journal of Urban Health: Bulletin of the New York Academy of Medicine*, 2008, 85 (2): 151 - 153.

从研究来看，老龄化对世界经济的影响主要体现在三个方面。首先是对经济制度的影响，主要体现在因为养老压力而产生的保险、税收、财政、医疗制度方面的改革。其次是对经济市场的影响，主要包括劳动力短缺带来的移民、生育方面的变化；老龄化带来储蓄和消费的变化及在护理、老年产业方面的新需求；老龄化导致的市场萎缩带来的竞争加剧和对技术创新、人才培养的重视。最后是对经济社会环境的影响，主要指老龄化带来的理念变化。[①] 国外学者对于人口老龄化的影响研究主要集中在社会的储蓄、社会收入、区域经济发展、国家财政、社会福利等方面，可以说，研究的内容比较全面，研究所采用的科学技术方法也比较先进，对于国内的相关人口老龄化研究具有重要的借鉴意义。

三、国内研究现状

人口老龄化对社会、经济的影响主要体现在三个方面。对经济制度的影响，主要体现在因为养老压力而产生的保险、税收、财政、医疗制度方面的改革。对经济市场的影响，主要包括劳动力短缺带来的移民、生育方面的变化；老龄化带来储蓄和消费的变化及在护理、老年产业方面的新需求；老龄化导致的市场萎缩带来的竞争加剧和对技术创新、人才培养的重视。对经济社会环境的影响，主要指老龄化带来的理念变化。[②]

自20世纪90年代开始，人口老龄化现象在我国的研究得到了进一步的加深，关于人口老龄化现象对于我国经济的发展究竟是好还是坏，不同的学者有不同的看法。例如，于学军认为人口老龄化对于我国经济发展的影响要分情况讨论，如从长远来看，这种影响主要以消极为主，但是从我国发展的阶段性过程来看，这种影响是不同的。在2025年之前，人口老龄化会促进我国经济的增长，因为人口老龄化的其中一个原因是人口出生率降低，而人口出生率的降低，对于本来庞大的我国人口基数来说，是对整个社会资源的一种负担减轻。但是，随着人口老龄化的持续增加，它的不利影响会逐渐加深，比如人口老龄化要求

① 李通屏等：《人口经济学》，清华大学出版社2008年版，第113页。

② 武元晋和徐勤：《中国人口老化对社会经济发展和家庭的影响》，载于《人口研究》1988年第2期，第5～10页。

我们将更多的社会资源投入到养老保障中，用于经济投资的其他方面的财政就会减少，同时老龄化带来的巨大的劳动力缺乏，会阻碍经济发展的人力投入。①也有的学者认为，对于中国来说，人口老龄化是一种社会发展的契机，比如老龄人口增加、新出生的人口减少，这样，我们就方便在全社会的范围内，把资源投入到教育、医疗、卫生、文化和体育等事业中来，有限的资源有利于发挥更大的作用。目前来说，我国学界对于人口老龄化的研究分析是一种多角度格局，主要的学界观点有：

1. 经济和社会可持续发展的视角

姜向群、杜鹏通过1990年以后我国社会的人口出生率和死亡率，对社会经济发展进行了分析，并且根据我国人口近十年来的变化，描绘分析了在未来五十年内我国人口的发展走势，指出了当前的人口老龄化现象对于我国社会的医疗、人力资源和社会消费等方面的影响。②

邬沧萍则主要是运用可持续发展的理论分析人口老龄化现象。人口老龄化现象的影响是多方面的，有政治方面的影响，有经济方面的影响，有社会方面的影响，也有文化方面的影响。就经济方面的影响来说，它又是多方面的，比如它会影响经济中人力资本的投入，会影响经济发展的消费水平，会影响人均储蓄水平，等等，但是具体是正面的还是负面的影响，结论尚未得到充分证明，为此需要做的就是充分地进行数据统计，以求观察研究和分析。③

王德文、蔡舫和张学辉（2004）则指出，人口老龄化将会是21世纪中国经济发展比较突出的一个影响因素。自20世纪中期开始，随着改革开放的开始，中国的人口优势凸显出来，这一时期的经济发展在人口红利中受益匪浅，但是，随着计划生育政策的推行和经济的发展，人口的出生率大幅度下降，死亡率也大幅度下降，这就造成了人口的老龄化现象，这种老龄化现象在未来中国经济的发展过程中，不仅不会再产生人口红利，而且会是一种负的人口红利。目前来说，我们只有大力开发潜在的劳动人口，如老龄人口的二次开发等，才能消

① 于学军：《中国人口老化对经济发展的影响：积极的？还是消极的?》，载于《人口研究》1995年第4期，第1~6页。

② 姜向群、杜鹏：《中国人口老龄化对经济可持续发展影响的分析》，载于《市场与人口分析》2000年第2期，第1~7页。

③ 邬沧萍：《社会老年学》，中国人民大学出版社1999年版，第318~319页。

减人口老龄化的严重影响。①

唐绍欣（2001）指出，人口老龄化会造成消费水平较低，从而减少了社会的储蓄水平，导致国民内部储蓄比例发生变化。②

彭秀健（2006）运用模型分析，在计算机技术的推算下，指出未来要想获得中国经济的可持续发展，我们能做的必须是推动科学技术进步，提高技术在经济发展中的利用度。③

2. 储蓄和消费的视角

根据生命周期学说，对于一个人一生的周期来说，假使人能够完全清楚地了解自己一生的资源，然后根据自己的需要按照一生的时间来分配这些资源，以求得跨期效益最大化。这里以人的收入为例进行解释，当一个人在24岁开始参加工作，在60岁退休，那么在24岁以前这个人基本上是没有收入的，他所使用的是他父母的钱，在24～60岁之间，他能赚取这一生的收入，那么该如何使用这些收入，他就需要有所规划：他首先得为24岁之前所欠下的资源进行偿还；其次他必须要为60岁以后的生活进行储蓄，这样就会剩下一些金钱用于以后的生活；最后他得把自己赚取的金钱在24～60岁之间进行使用，因而他需要合理的分配自己的金钱资源。

一个人在他的少年时期和老年时期都是不创造储蓄的，而只有在劳动年龄阶段才创造正储蓄，所以，一个国家的经济也与此密切相关，只有当一个国家的劳动人口较多时才能创造更多的正储蓄财富，相反地，少年人口和老年人口过多，则一个国家的财富就会出现负储蓄，大部分财富需要用于少年和老年人口的开销。

所以，田雪原④、贺菊煌⑤、王金营、付秀彬⑥、王刚⑦等人都是从这个理论出发对人口老龄化给予研究，分析老龄化现象的加剧对于社会储蓄水平的影响。

---

① 王德文、蔡舫、张学辉：《人口转变的储蓄效应和增长效应——论中国增长可持续性的人口因素》，载于《人口研究》2004年第5期，第2～11页。

② 唐绍欣：《中国人口老龄化对国民收入的影响》，载于《经济研究参考》2001年第1期，第18～24页。

③ 彭秀健：《中国人口老龄化的宏观经济后果——应用一般均衡分析》，载于《人口研究》2006年第4期，第12～22页。

④ 田雪原：《我国人口老龄化对经济发展的影响》，http：//www. cass. net. cn。

⑤ 贺菊煌：《个人生命分为三期的世代交叠模型》，载于《数量经济技术经济研究》2002年第4期，第48～55页。

⑥ 王金营、付秀彬：《考虑人口年龄结构变动的中国消费函数计量分析——兼论中国人口老龄化对消费的影响》，载于《人口研究》2006年第1期，第29～36页。

⑦ 王刚：《人口老龄化对居民储蓄的影响分析——以北京市为例》，载于《经济问题探索》2006年第9期，第143～148页。

史晓丹（2013）以生命周期理论为基础，运用三期世代交叠模型分析人口结构对储蓄率的影响，并使用我国 2006 ~ 2011 年的省级面板数据进行了实证检验。分析发现，老年抚养比与储蓄率呈负相关关系，而少儿抚养比与储蓄率呈正相关关系，后两者的关系与理论预期不符。

汪伟、艾春荣（2015）把人口老龄化的寿命与负担效应引入三期世代交替模型，从理论上分析了人口老龄化对储蓄的影响，并运用 28 个省份 4 次人口普查的数据进行了实证检验。检验结果表明：中国储蓄率在时间上的上升趋势和区域间的梯度差异可以被寿命延长带来的储蓄动机充分解释，而抚养负担上升对储蓄率没有显著的负面影响，也不能解释储蓄率在时间和区域间的变化。

于潇、孙猛（2012）从消费需求和消费结构的角度，系统分析了中国人口老龄化对消费的影响。分析认为，人口老龄化主要是通过改变社会总体消费（包括自发消费倾向和边际消费倾向）而影响消费。人口老龄化对总消费需求的影响随着人口老龄化发展进程阶段的不同而变化。初始阶段人口老龄化对消费需求产生了正向影响，中期阶段为负向影响，晚期阶段则无影响。

3. 医疗费用的视角

何平平指出，随着我国改革开放的进一步深入、社会经济进一步发展，经济的发展，从一个长远的角度来看，使得人们对于医疗费用的开支扩大，但是这种扩大的开支在短期内，比如一年内，并不会受到经济发展波动的剧烈影响。在短期内，老龄化人口在社会中的比重对医疗费用的影响比较突出，所以随着老龄化现象的加剧，我国的社会医疗开支将不断增多。①

张媛则主要关注了随着医疗费用支出的逐步增长，我们该如何建立完善的医疗保险制度，并且扩大这种制度的覆盖范围，让全体社会成员都能享受到国家社会职能的好处。②

4. 劳动力供给和劳动参与率的视角

王金营、蔺丽莉的研究方向主要是社会劳动力的供给。随着社会经济的发展，社会出生率下降，人口老龄化现象越来越严重，大量的老龄人口造成劳动人口在社会总人口的比重中下降，但是，经济的进一步发展，又迫切地需要社会人力资本的投入，人力资本的不足难以促进社会经济的进一步发展，这就造

① 何平平：《经济增长、人口老龄化与医疗费用增长》，载于《财经理论与实践》2006 年第 27 期，第 90 ~ 94 页。
② 张媛：《人口老龄化对医疗保险的影响》，载于《中国卫生经济》2006 年第 4 期，第 53 ~ 56 页。

成经济发展陷入一个“死循环”当中，最终造成经济的不可持续发展。①

王立军、马文秀（2012）对中国人口老龄化对劳动力供给影响的分析表明，尽管从长期来看，随着老龄化程度的加深，劳动力供给必然会下降，但劳动力质量的提升会抵消部分劳动力供给下降带来的负面影响。

刘晓光、刘元春（2017）研究表明，现行（退休年龄）定义下，中老年群体还有很大的供给潜力，可以通过实施延迟退休年龄政策提高劳动参与率，进而让老年人继续发光发热。

5. 养老保障制度的视角

李洪心主要是基于对当前社会人口老龄化现象的研究，来分析未来我国养老保障制度该如何进行改革和发展完善。他的研究理论基础主要来自中国经济发展的相关指标和联合国关于中国人口计划的数据，其研究时间着眼于未来五十年，中国的人口年龄变化对社会的经济增长、消费水平、政府的税收等的影响，探索应该怎样通过社会养老保障制度的建设来促进中国人口老龄化现象的改善和保持经济增长的持续发展。通过利用电子计算机技术进行模拟演变，李洪心发现，如果继续保持当前的社会保障养老制度，那么我国的国民经济发展在未来的五十年内，不仅不会保持继续的增长，反而会造成社会经济发展的停止甚至是负增长。所以，完善的养老保障制度，如降低税收、增加社会养老资金力度等都有利于促进我国经济的可持续发展，以及社会居民生活水平的提高。②

李辉主要以长春市的人口老龄化问题作为研究分析的对象。他依据人口的划分标准即三种类型——少年人口、中年人口和老年人口，对长春市的少年人口、中年人口和老年人口的比重分别进行研究，分析了长春市该如何改进养老保障制度，从而促进社会经济的稳定可持续发展。③

刘海宁、刘晓峰主要从社会财富的再分配过程，提出了究竟该如何建立完善的社会养老保障制度。他指出，国家应该通过对社会财富的二次分配，加大财政和社会资金对养老保障方面的支持力度，从而促进我国经济发展。④

---

① 王金营、蔺丽莉：《中国人口劳动参与率与未来劳动力供给分析》，载于《人口学刊》2006 年第 4 期，第 19 ~ 24 页。
② 李洪心：《中国人口老龄化与可持续发展的可计算一般均衡分析》，载于《科技管理研究》2005 年第 1 期，第 19 ~ 21 页。
③ 李辉：《长春市城乡人口老龄化与老年社会保障问题研究》，载于《人口学刊》2006 年第 4 期，第 9 ~ 13 页。
④ 刘海宁、刘晓峰：《城镇基本养老保险对经济要素影响的实证分析》，载于《辽宁大学学报》2007 年第 6 期，第 123 ~ 127 页。

6. 人口老龄化和产业结构的关系视角

陈敦贤指出，我国的社会经济发展速度较快，但是长期以来的计划生育政策导致我国劳动人口的出生率比较低下，不断增长的老龄化人口，加之社会养老制度的不够完善，为了促进整个社会国家经济的可持续发展，我们必须加快转变社会产业机构，进一步改善人力资源状况，提升劳动力质量。一方面改善老龄人口的生存状况，满足老龄人口的需求；另一方面积极开发老龄人口的二次就业和适龄劳动人口的就业。[①]

郭剑雄（2005）、瞿凌云（2013）的研究均表明，人口老龄化会促进教育的投资和人力资本的积累。

齐红倩、闫海春（2018）进一步指出，教育投资和健康投资之间存在着互补与替代两种关系。就互补关系而言，老龄化有利于人力资本的积累。老年人通常偏好于健康投资，健康投资的增加可以改善身体状况，身体状况好了就有条件去接受更多的教育培训，从而提高人力资本积累水平；就替代关系而言，老龄化带来的医疗保健等健康支出的增加会挤占政府对智力和教育的公共投资，进而影响整个社会人力资本的积累水平。

王有鑫等（2015）的研究表明，人口老龄化对出口产品的品质升级具有显著的促进作用。蔡兴（2016）认为，一方面，人口老龄化减少了劳动力供给，导致劳动力成本上升，进而导致中国劳动密集型产品比较优势的削弱，不利于中国出口贸易；但另一方面，人口老龄化也可能“倒逼”出口企业以技术替代劳动力，进而促进出口结构的优化升级。同时，人力资本状况的改善能显著强化这一“倒逼”机制。高越、李荣林（2017）使用中国35个工业行业数据的研究结果表明，老龄化对“顺年龄认知能力”（随着年龄增长得到改善的认知能力）密集行业的出口有利，对“逆年龄认知能力”（随着年龄增长而下降的认知能力）和体能密集行业的出口不利，这种有利和不利的影响有助于推动我国出口商品结构的优化。当引入人力资本因素后，人力资本投资一方面会导致老龄化对“顺年龄认知能力”密集行业出口促进作用的增强，另一方面会导致对“逆年龄认知能力”和体能密集行业出口抑制作用的弱化。

---

① 陈敦贤：《中国人口老龄化与产业结构调整》，载于《中南财经政法大学学报》2002年第3期，第60～64页。

总的来说，在经历过第三次全国人口普查之后，人口老龄化现在在我国社会发展过程中的影响日益得到重视，中国的学者关于老龄化研究和经济发展之间关系的研究日益增多，我国未来的人口老龄化问题也非常突出。由于人口绝对数量大，与其他国家相比，我国人口老龄化速度相对快于经济发展速度，人口老龄化对经济增长的影响具有自身的特点。老龄化社会中，老年抚养比的大幅上升将对社会的养老、医疗等内容提出挑战，而这些问题的解决需要一定水平的经济增长支持。因此，研究人口老龄化对我国经济增长的影响具有非常现实的意义。根据对已有文献的梳理，理论研究发现人口老龄化对经济增长的影响有正有负，最终效果取决于条件。而国内尚缺乏关于人口老龄化对我国经济增长影响的实证研究成果。本书在梳理国内外相关研究成果的基础上，运用含人力资本的柯布—道格拉斯函数，推导出包含老年抚养比在内的总量生产函数，然后以此为框架，实证研究人口老龄化对生产函数中变量的影响，具体包括人口老龄化对劳动生产率、储蓄率等的影响。

第三节　本书研究思路和研究内容

关于本书的研究思路，笔者主要基于区域人口红利的研究角度，在宏观的经济理论基础之上，通过生产和消费这两条路径，首先，分析研究了人口老龄化对一个地区的经济发展的影响；其次，利用经济增长模型来分析人口老龄化对一个区域经济发展的影响状况；再次，根据人口老龄化的情况，利用计量经济模型，以此来推测出人口老龄化对一个区域经济发展的生产力、消费、产业结构调整和养老等各方面的影响状况，最后得出本书的主要结论，并且提出一些可行性的建议和意见。根据笔者关于本书的研究思路，可以总结出本书的研究内容如图 1 – 3 所示。

当前，世界各国，包括发达国家和发展中国家，人口老龄化问题都比较突出，人口老龄化关系到一个国家或是地区的人口发展情况、经济发展情况、政治政策走向、社会问题和家庭生活等多方面，不同的国家、不同的地区在地域社会发展过程中，都会遇到人口老龄化问题，这个问题可以说是经济发展过程中必然经历的阶段。社会生产和消费是一个区域经济发展的关键因素，而人口老龄化则与生产力的发展和消费水平有着密切关系。当前，我国提倡科学发展观，科学发展的核心就是以人为本的发展。所以，本书的研究对于中国当前的发展具有一定的理论意义和实践意义，目的是追求社会福利最大化。

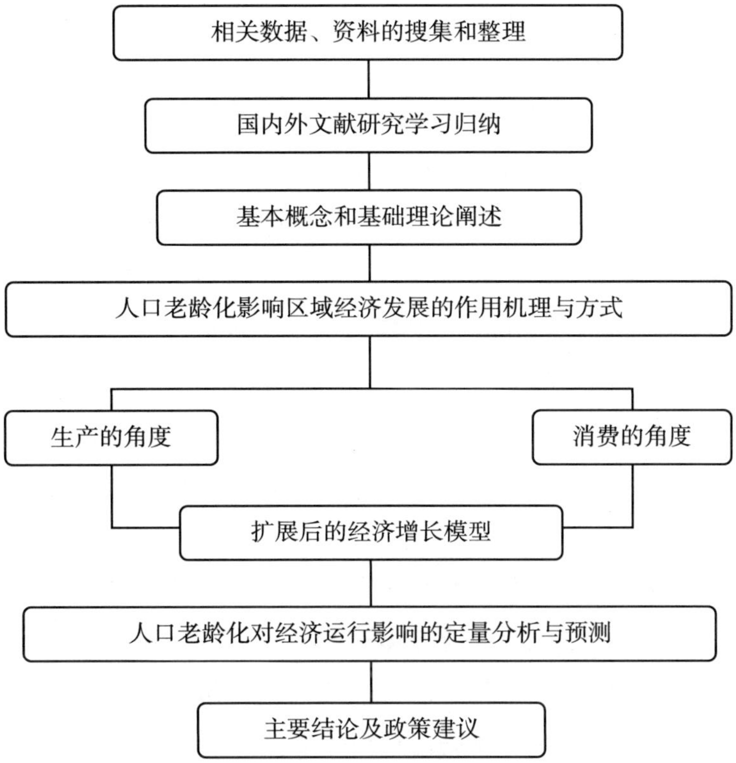

图1－3 本书研究内容

第四节 本书创新点与不足

通过上述国内外关于人口老龄化的研究分析，笔者发现当前的国内外人口老龄化研究存在三个主要问题：第一个是完整的以宏观经济理论来系统地分析人口老龄化的研究很缺乏，甚至是没有；第二个问题是大多数研究者都是从理论层面上研究，缺乏定量的研究和模型分析；第三个问题是第一手资料比较缺乏，关于人口老龄化研究的具体社会调查等比较缺乏。

本书的创新点在于：

（1）基于对历史上国内外专家学者的研究成果梳理，聚焦湖北省当前状况进行深入的分析，消除了我国因地区经济社会发展差距过大而导致得出的结果不具有针对性和可操作性的缺陷。

（2）利用新古典经济增长模型，把人口老龄化问题用经济模型进行分析，从而从定量和定性的角度研究人口老龄化的正负影响。

（3）从经济发展的生产和消费两个最基本的角度分析人口老龄化对社会经济的生产和社会经济的消费这两个方面所产生的作用和影响。

（4）面对目前老龄人口迅速增长的现状，社会养老和商业养老作为解决老龄化问题的两大重要支柱，在本书中作为一个专题进行了具有一定深度的分析和比较，力争对老龄化问题做出一个全面的，涵盖现状、分析、对策的研究。

（5）对老龄人口的二次开发所带来的红利问题进行了初步的探索性研究，以全新视角尝试缓解老龄人口增长带来的压力，同时充分挖掘老龄化社会所特有的优势。

由于受到时间、研究水平以及知识面等多方面因素的制约，本书也存在着些许不足，比如，老龄化对于经济的影响有多重途径，本书只关注了相对比较显著的几个方面，其他的方面暂未涉足，值得未来进一步开展研究；虽然尽量开展数据的收集，但受条件的制约，资料的收集仍显不足。这在今后的研究中有待进一步完善。

第二章
基本概念与基础理论

第一节　概念界定

一、老年、少儿与劳动年龄人口

老年人口、少儿人口和劳动人口的定义通常是以年龄作为基本的划分依据，国际上对老年人口的定义有两种标准，一种是60岁以上人口，一种是65岁以上人口。1956年，联合国人口司把60岁作为老年人口的年龄标准，中国人口老龄委员会采用60岁作为我国老龄人口的年龄划分依据。根据目前国际上普遍采用的老龄人口划分标准，本书在这里把65岁及以上的人口称作老龄人口，65岁及以上的人口对于社会生产力、社会经济的发展有重要的影响。

相对于老龄人口来说，65岁以下、15岁以上年龄段的人口就被称作劳动人口。劳动人口是社会主要的生产力，对于社会经济发展起主要的经济发展基础作用。

15岁以下的人口被定义为少儿人口，一般来说，少儿人口都没有什么劳动力，处于被抚养阶段，但是他们对社会的生产和消费活动也有重要的影响。

二、老龄化的定义

关于老龄化的界定，主要有两种定义，一种是狭义上的定义，一种是广义上的定义。广义上的老龄化包括两个方面：单个个体的老龄化和社会整体的老龄化。狭义上的老龄化主要指总体人口的老龄化问题。本书对于老龄化的研究主要基于狭义的定义，即总体人口的老龄化问题。

在联合国人口委员会《多种文字人口学词典》中，对于老龄化的定义是：老年人口在总人口的比重中不断增加。在人口手册（*Population Handbook*）中，对于老龄化的定义也大致相同，但是做了一定的扩展：人口老龄化，包括两个方面，即在社会总人口中，中老年人口的比重不断增加，或者是青少年人口的比重不断减少，这是一个渐进过程。

罗淳（2001）曾在他的一份调查研究中提出，一个国家或是地区的老年人口在社会总体人口中的比重不断上升，占据很大的比重，抑或是一个国家或地区的青少年人口占该区总人口的比重不断减少，这样一种情况，我们就称作人口老龄化。这种情况可能出于两种原因：一是老年人口的增加，二是青少年人口的减少。比如当生育率下降时，出生的人数较少，那么青少年比重自然而然的就会下降，而死亡率较低时，出生率又低，老龄人口必然就会占据较大的比重。由此我们可以看出，老龄化是一个变动的过程，这个过程与多方面因素有关。据此，穆光宗（1997）提出，要把人口年龄的中位数的变化作为我们判断人口是否出现老龄化的依据，这就把人口老龄化的变动过程引入了我们定义的视线。

所以，从上述概念界定，我们可以发现，人口老龄化表示的是一个人口年龄的结构问题，这个结构主要呈现的是老龄人口的比重上升，青少年人口的比重下降，人口年龄的中位数上升，这就是一个国家或地区人口老龄化的年龄结构状况。

三、老龄化社会的界定

国际上不同的学者和不同的国家对于人口老龄化有不同的定义，但是基本上来说差别不是很大，联合国人口司1956年制定的老龄人口标准为大多数国家所认同。关于人口老龄化的具体划分标准，目前国际上基本达成了一致协议，一般把60岁以上人口占总人口的10%或者是65岁以上人口占总人口的7%称作人口老龄化。不同国家对老龄化的研究标准见表2-1。

表 2－1　不同的老龄化社会的界定标准

年份	划分主体	年龄起点	老龄化社会的界定
1900 年	桑德巴	50 岁	老年人比重≥30%
1956 年	联合国人口司	65 岁	老年人比重≥7%
1975 年	美国人口咨询局	65 岁	老年人比重≥10%
1977 年	爱德华·罗塞特	60 岁	老年人比重≥12%
1982 年	世界老龄人口大会	60 岁	老年人比重≥10%

资料来源：罗淳：《从老龄化到高龄化：基于人口学视角的一项探索性研究》，中国社会科学出版社 2001 年版，第 41 页。

四、老龄化的度量标准

人口老龄化的度量有很多种方法，目前世界上经常用到的人口老龄化度量方法有老少比、老年人口密度、年龄的中位数、老年人口比重，等等。在本书中，主要采用的度量方法是老年人口系数和老年抚养比。

老年人口系数是指在某一个特定的时间点上，65 岁及以上的人口在总人口中所占的比重。它能够很直观地反映出老年人口的比重以及老年人口的多少，而且度量方法也比较简单。计算公式是：

$$\text{老年人口系数} = \frac{65\text{ 岁及以上人口数}}{\text{总人口数}} \times 100\%$$

老年抚养比是指在某一个特定的时间点上，65 岁及以上的人口在劳动年龄人口即 15～64 岁人口中所占的比重，计算的是两者之比。我们通常用百分数来表示，意思就是 100 名劳动人口需要承担多少老龄人的负担。老年抚养比的计算公式是：

$$\text{老年抚养比} = \frac{65\text{ 岁及以上人口数}}{15 \sim 64\text{ 岁人口数}} \times 100\%$$

第二节　基础理论

一、人口转变学说

人口老龄化的基本理论基础之一是人口转变学说。人口转变（demographic transition）学说①和西欧国家如英国、法国、德国等国家20世纪初的经济飞速发展时期密切相关。在20世纪初，西欧国家经济处于工业化初期，经济飞速发展，伴随着经济的发展，人民的生活水平不断提高，由此而导致人口的死亡率大幅度下降，同时人口平均寿命延长，人口的出生率也大幅度下降，在工业化迅速发展的时期，人口老龄化却快速上升，一些经济学家把这种现象解释为人口转变理论。

人口转变学说最早是由法国人口经济学家兰德里（A. Landry）所提出，他根据当时法国人口发展资料，在其1909年发表的《人口的三种理论》中首先提出了人口转变学说。他根据当时法国经济发展的实际阶段，将人口转变相应的也划分为三个阶段：原始阶段、中期阶段和现代阶段。后来，兰德里又详细地阐述了他的人口转变三阶段理论。具体来说：第一阶段是无节制的生育原始阶段。在这一时期，社会经济发展比较落后，人口出生率比较高，而人口死亡率也比较高，所以人口老龄化的问题基本上可以说不存在，人口一直处于一种高出生、高死亡状态。第二阶段是生育率下降阶段。这一阶段，社会生产力快速发展，生活水平提高，人口的死亡率也下降，但是由于社会经济发展，很多人选择晚婚晚育，人口出生率因此而下降。第三阶段是低出生率、低死亡率，老龄化问题严重的现代人口阶段。在这一时期，延续了第二阶段的低出生率和低死亡率，人口差距进一步拉大，老龄化问题严重。兰德里的人口转变三阶段

① 李仲生：《人口经济学》，清华大学出版社2006年版，第201页。

主要是依据当时法国社会的人口发展状况和经济发展状况，可以说，基本上准确地反映了法国的人口发展状况，虽然法国的经济发展历程和欧美国家发展历程基本一致，但是毕竟不能完整地表现出整个世界的人口发展转变状况，可是兰德里的人口转变三阶段理论为后期人口转变发展理论奠定了理论基础。

在兰德里的研究发展基础之上，美国人口学家汤普森（W. Thompson）于1929年在其著作《人口》中，根据世界经济发展状况历程和世界人口的发展转变状况，把世界人口发展状况划分为三个地区，以此体现世界人口转变的三个阶段。

在前面两位学者的研究基础之上，美国人口经济学家诺特斯坦（F. W. Notestein）提出了系统的、比较完善的人口转变理论，以反映世界人口转变的三个阶段。这三个阶段分别是：第一阶段为高增长但是高死亡的人口发展时期，第二阶段是出生率和死亡率都逐渐开始下降的阶段，第三阶段是老龄人口突出的人口发展阶段，死亡率比较低和平缓，而出生率也处于低水平阶段（见图2－1）。

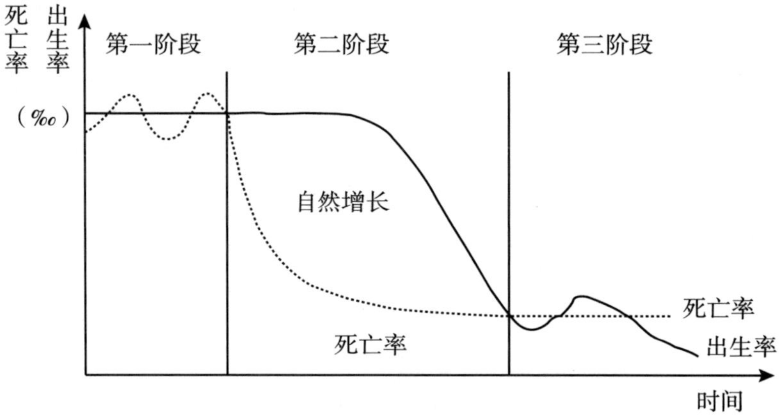

图2－1　诺特斯坦三阶段人口转变模型

后来人口转变理论又出现了金德伯克（C. P. Kindelberger）和赫里克（B. Herrick）提出的人口转变四阶段理论以及布莱克（C. Blacker）提出的人口转变五阶段理论。人口转变四阶段理论和人口转变五阶段理论与人口转变三阶段理论的基本理论大致相同，只是在具体的时间划分段上有差别。所以本书中，笔者认为人口转变理论大体上可以以诺特斯坦提出的人口转变三阶段理论为基本依据，其余的人口转变理论可以以此为参考。

下面我们以芬兰人口转变的四个阶段为实例，解释人口转变的过程（见表2-2）。

表2-2　　　　芬兰进行人口转变的四个阶段

阶段	时间	特征	出生率（‰）	死亡率（‰）	自然增长率（‰）
第一阶段	1785~1790年	高出生率，高死亡率=极慢的增长或无增长	38	32	0.6
第二阶段	1825~1830年	高出生率，下降的死亡率=高增长	38	24	1.4
第三阶段	1910~1915年	下降的出生率，相对低的死亡率=低增长	29	17	1.2
第四阶段	1996年	低出生率，低死亡率=极低的人口增长	12	10	（人口转变）

其中，诺特斯坦的人口转变理论能够为我们很好地展现世界人口发展问题的历程。在诺特斯坦的人口转变理论第二阶段，我们可以发现死亡率开始下降，出生率也开始下降，但是出生率低于死亡率，这是欧美国家人口发展的“婴儿潮”阶段，少年的数量飞速增长。但是紧接着到了人口发展的第三阶段，生育率下降到了比死亡率更低的水平，老年人口的数量在总人口的数量中所占的比重迅速增加，少年人口比重相对减少，人口发展进入了老龄化时期。

二、生命周期学说

生命周期学说最早由莫迪利亚尼和布鲁伯格（Modigliani and Brumberg，1954）提出，其是站在一个人一生的周期来说的。它假使人能够完全清楚地了解自己一生的资源，然后会根据自己的需要按照一生的时间来分配这些资源，以求得跨期效益最大化。这里以人的收入为例进行解释，当一个人在24岁开始参加工作，在60岁退休，那么在24岁以前这个人基本上是没有收入的，他所使用的是他父母的钱，在 24 ~ 60 岁，他能赚取这一生的收入，那么该如何使用这些收入，他就得自己进行规划：他首先得为 24 岁之前所欠下的资源进行偿还；其次，他必须要为 60 岁以后的生活进行储蓄，这样就会剩下一些金钱用于以后的生活；最后他得把自己赚取的金钱在 24 ~ 60 岁进行使用，因而他需要合理的分配自己的金钱资源。从图 2 - 2 中，我们可以看出一个人一生的储蓄情况。

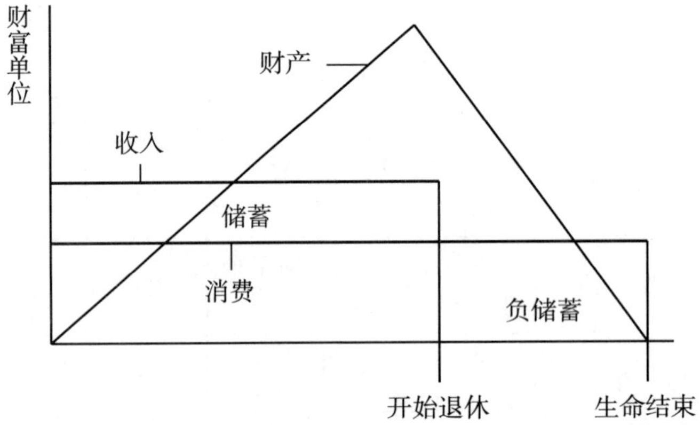

图 2 - 2　生命周期假说中的收入、消费和储蓄

所以，从图 2 - 2 可以推算，一个人在他的少年时期和老年时期都是不创造储蓄的，而只有在劳动年龄阶段才创造正储蓄，所以，一个国家的经济也与此密切相关，只有当一个国家的劳动人口较多时才能创造更多的正储蓄财富，相反地，少年人口和老年人口过多，则一个国家的财富就会出现负储蓄，大部分财富需要用于少年和老年人口的开销。

以生命周期理论为基础，莫迪利亚尼和布鲁伯格（Modigliani and Brumberg，1979）提出了四个假设。第一个假设是个人没有得到遗产，同时也不会留下遗产，全部的收入都是自己创造的，而且自己也全部花销了；第二个假设是个体会根据自己的需要，最大效益地利用自己所有的储蓄，合理地分配自己的储蓄在生命发展各个时期的利用；第三个假设是个体自己的储蓄都是自己创造的，不会有利息率的存在；第四个假设是个体在其经济使用过程中，所有经济使用对象的消费都是相等的，即消费系数都相等。在以上理论和假设的基础之上，莫迪利亚尼和布鲁伯格（Modigliani and Brumberg，1979）算出了个体消费函数、个体储蓄函数、总量消费函数和总量储蓄函数。

1. 个体的消费和储蓄函数

$$c_t = \frac{y_t}{L_t} + \frac{(N-t)y_t^e}{L_t} + \frac{w_t}{L_t} \tag{2.1}$$

$$s_t = y_t - c_t = (L-t)\frac{y_t}{L_t} + \frac{(N-t)y_t^e}{L_t} + \frac{w_t}{L_t} \tag{2.2}$$

其中，t 表示第 t 年，c_t 表示第 t 年的消费，包括非耐用消费品、劳务以及由耐用品的直接服务形成的本期折旧；y_t 表示第 t 年来自非资产的收入，y_t^e 表示在第 t 年时对今后年度的平均期望收入；w_t 表示在年龄 t 的初始时间拥有的资产；N 表示有劳动收入的工作年龄阶段；$L_t = L + 1 - t$，表示在年龄 t 时的余寿，其中 L 表示有经济意义的生命期长。

生命周期学说把年龄、收入、消费、储蓄和最大效益引入个体人生发展之中，认为人在一生中，会合理地分配自己的收入。从上述个体消费函数和储蓄函数中，我们可以得出，对个体的消费和储蓄有重要影响作用的因素有：收入（分为现期收入和预期收入）、个人财富量、个人年龄、退休时间等。据此，笔者总结了有关生命周期的个人储蓄函数的有关特点如下：

第一，个人的储蓄率的多少与人均的收入没有关系，而是与个人自己的收入密切相关，个体自己收入的大小是其储蓄如何的最主要因素。

第二，个人储蓄的周期可以划分为两个时期。一是工作时期，在这一时期，个人的储蓄会明显增长，因为这一时期他会因为工作而获得收入；二是退休时期，在这一时期，个体基本上没有收入，所以他的大部分储蓄会用于日常生活开支。所以个人储蓄的多少，可以说由他自己的工作时期和退休时期所决定。

第三，个人的收入和消费与自己的家庭关系密切，会受到家庭的成员收入、家庭成员年龄状况和家庭支出的影响。在整个家庭中，个人的储蓄会随着家庭收入的增长而增长，会随着家庭收入的下降而减少，所以，家庭的储蓄趋势基本上和个人的储蓄趋势相同，家庭的收入趋势也和个人的收入趋势密切相关。

2. 总量消费函数和储蓄函数

综上所述，生命周期理论主要是把人的一生的发展时期划分为三个时期：一是少年时期，没有储蓄能力；二是工作劳动时期；三是退休时期。在本书的消费函数和储蓄函数中，我们只关注后两个时期的消费和储蓄趋势。一般来说，在工作时期，基本上收入都比较正常，所以人们的总的储蓄是比较多的，而且呈逐渐增长趋势，人们的消费也是逐渐增长，这一时期由于收入较多，人们会大量消费，同时这一时期的储蓄也是呈增长趋势，人们会为自己的后半生做规划，从而把自己收入的一定数量用于储蓄，为以后做打算。

在研究分析总体的消费函数和储蓄函数时，莫迪利亚尼和布鲁伯格（Modigliani and Brumberg，1979）在以上四个假设中又提出了一个假设：在任何特定的时间内，任何不同年龄段的人在该期间所得到的都是相同的收入，而且，随着时间的推移，任何人在未来能够得到的收入都和当前处于该年龄段的人所得到的收入是相同的，并且每个人的工作时间、生命值和退休时间都是相同的。总量消费函数如下：

$$C^T = \sum_{t=1}^{L} n_t^T c_t^T = \sum_{t=1}^{L} \frac{n_t^T}{L_t} y^T + \sum_{t=1}^{L} \frac{n_t^T (N - t) y^{eT}}{L_t} + \sum_{t=1}^{L} \frac{n_t^T w_t^T}{L_t}$$

$$= \sum_{t=1}^{L} \frac{n_t^T}{H_1^T L_t} Y^T + \sum_{t=1}^{L} \frac{n_t^T (N - t) Y^{eT}}{H_1^T L_t} + \sum_{t=1}^{L} \frac{n_t^T w_t^T}{L_t}$$

其中T表示年度；n_t 表示年龄组t的家庭个数；$H_1^T = \sum_{t=1}^{N} n_t$，表示工作期的家庭个数，也就是处于劳动年龄段的总人数。

上式可以简写成：

$$C^T = \alpha^T Y^T + \beta^T Y^{eT} + W^T \tag{2.3}$$

其中，$\alpha^T = \sum_{t=1}^{L} \frac{n_t^T}{H_1^T L_t}$，$\beta^T = \sum_{t=1}^{L} \frac{n_t^T (N - t)}{H_1^T L_t}$，$W^T = \sum_{t=1}^{L} \frac{n_t^T w_t^T}{L_t}$

因此总储蓄函数为：

$$S^T = Y^T - C^T = (1 - \alpha^T) Y^T - \beta^T Y^{eT} - W^T \tag{2.4}$$

由总消费和总储蓄函数可知，系数 α 和 β 取决于L和N并且还取决于有经济活动人口的年龄分布$\frac{n_t^T}{H_1^T}$，其中 $t = 1, \cdots, N$。

莫迪利亚尼和布鲁伯格还证明了在一个人口和收入都是平稳（或停滞）的经济社会里：

$$C^T = \frac{N}{L} L y^T = N y^T = H_1^T y^T = Y^T$$

$$S^T = Y^T - C^T = 0$$

即在一个具备良好形态的平稳经济社会里，不存在任何储蓄，工作期的家庭储蓄正好被退休家庭的负储蓄所抵消。

同时，在一个经济稳定增长的社会里，假设人口稳定，收入的增加来自技术的经常改进，在这样一个经济社会中，每个挣钱的年龄组在任意给定的一年里都获得比上年更高的收入，假设收入按不变的每年 $\rho-1$ 的复利上升，莫迪利亚尼和布鲁伯格证明了储蓄将是收入的一个不变的分数：

$$S^T=\frac{M}{L}k_t(M,\ N,\ \rho)Y^T$$

其中，$k_t(M,\ N,\ \rho)=1-\frac{1-\rho^{-M}}{M(\rho-1)}+\frac{1}{N}\sum_{t-1}^{N-1}\frac{t}{L-t}[1-\rho^{-(L-t)}]$，M 为退休期长。

因此，社会总储蓄是社会平均生命期 L、就业期 N、退休期 M 以及总收入 Y^T 和收入增长率 ρ 的函数。

S^T 也可以写为：$S^T=W^T\rho$。其中 W^T 为财富总量，$\rho=1+g$，g 为收入增长率，它包括人口增长以及技术进步中任何一种情况所导致的收入增长。

由社会总储蓄函数可以推导出社会总储蓄率函数：

$$s^T=\frac{S^T}{Y^T}=\frac{M}{L}k_t(M,\ N,\ \rho)$$

s^T 表示 T 年社会总储蓄率，社会总储蓄率与总收入 Y^T 无关，而与社会平均生命周期 L、就业期 N、退休期 M 以及和收入增长率 ρ 有关。

经过上述对个体消费函数和储蓄函数以及总体消费函数和储蓄函数的探求，莫迪亚尼（Modisliani，1986）对生命周期理论进行了最后的归纳和总结，他将生命周期理论归纳为以下六个方面：第一，任何一个国家或是地区，其储蓄率的高低与它的个人平均收入是没有关系的，而是取决于人均收入的增长率以及劳动年龄人口、老龄人口和青少年人口之间的比重。第二，每个国家或是地区的消费、储蓄习惯不同，所以不同国情的国家或是地区，它的储蓄和消费都不能简单地概括为收入问题。第三，当某一个地区的人口增长率为零时，那么基本上该国家或是地区的储蓄率也就是零。第四，财富和收入之间是正相关的关系。第五，遗产并不是社会财富的重要来源，当没有遗产时，一个社会也能创造巨大的财富。第六，当一个社会的收入基本不变时，劳动的年限则是影响收入和储蓄的关键因素。

人口老龄化会引起劳动力的减少，从而社会收入会减少，社会储蓄会减少，社会的支出会增加，所以，劳动人口所要负担的老龄人口会越来越多，再加上抚养青少年人口，这样一来，人口老龄化就会对一个社会的经济产生巨大的影响。

第三节　人口因素与经济增长理论

经济增长和人口因素，在现实中，很难直观、简单、明了地分析出两者的关系究竟如何，这是因为，人口因素对经济发展的影响存在于两个方面：第一是人口因素往往不是单独作用于经济增长，它和其他因素如人口素质等共同作用于经济增长；第二是人口因素在某一个特定时间对经济影响的正负并不确定，也就是如何影响经济发展方向很难简单地确定。在这里，笔者将主要研究分析人口因素是怎样对经济发展起作用的。

一、古典理论中的增长思想

古典经济学家将经济增长称为财富增长，经济是一个关于财富的话题。著名的古典经济学家亚当·斯密就曾经指出，经济增长一般主要来自三种资源的推动，一种是劳动力资源，一种是物质资源，还有一种是自然资源，在这三种资源当中，劳动力资源和物质资源都会随着经济的发展而变动，只有自然资源会随着经济的发展而减少，因为自然资源是不可再生的或是再生的速度比较慢。亚当·斯密在他的《民国财富的性质和原因研究》一书中指出，石油等自然资源具有不可再生性，所以，其抛开了自然资源，主要从劳动分工角度阐述了人类经济增长的问题。人是劳动的基础。所以一定数量的人口规模是我们进行劳动分工的基础。亚当·斯密认为，劳动分工可以促使我们提高劳动的专业化程度，这样就有利于促进劳动效率的提高，劳动效率的提高能够促使物质资源和劳动资源的投入报酬提升，从而促进经济的增长。除此之外，亚当·斯密还认为，劳动力其实也存在质量的差别，不同劳动力，其所产生的效率也是不同的，质量高的劳动力更能提高劳动生产率。具体来说，亚当·斯密把人口分为生产人口和非生产人口，在生产人口中又区分了人口的数量、质量等，从人口的各个因素方面来分析劳动力分工对经济增长的影响。

马尔萨斯可以说是古典经济理论中对经济增长和人口因素研究的比较充分的学者。他的著作《人口论》对人口和经济发展的关系做了比较充分的研究分析，因而他所提出的经济发展理论被人们称为马尔萨斯停滞（Malthusian stagnation）的人口与经济增长理论。马尔萨斯的经济理论的具体内容是：人类的生育率，一般来说，在一个相当长的时间内是会保持不变的，但是土地的边际报酬却是逐渐递减的，人口的增长率超过了人们生活资料的增长率，所以，当人们的平均收入超过了生存水平时，死亡率就会下降，而出生率就会上涨，人口会迅速增加，这样，由于人口的增加，人们的平均收入水平又会下降。平均收入水平低于生存水平的时候，人们的死亡率就会上升，生育率就会下降，人们的平均收入又会得到一定的增长。在马尔萨斯的经济增长理论之中，人口是经济增长的主要影响因素。马尔萨斯的人口经济增长理论在人类发展历程中，相当长的一段时间内受到人们的推崇。

亚当·斯密的劳动分工理论在李嘉图那里得到了进一步的发展。李嘉图把亚当·斯密的劳动分工扩展到了世界分工。在世界的贸易中，每个国家由于其自身科技水平、劳动力素质的不同，自身所擅长的经济增长能力也不同，这就促使了世界上的自然资源、人力资源和物质资源在全球范围内的配置，一个国家的经济增长也就在世界范围内进行配置。李嘉图为此提出了“工资铁律”，即劳动的价格是劳动力的资本，是劳动力进行行为的基础，他把人口的发展对于经济增长的影响看作是一个悲观的前景。

哈罗德—多马则指出自己关于经济增长的模型的提出受到了马克思思想的影响，可以说，马克思的生产、再生产的经济发展思想是哈罗德—多马的经济模型的思想理论观点基础。在马克思提出了生产函数的理论之后，大多数的经济增长模型都和生产函数密切相关。哈罗德—多马的模型是指，可以通过生产函数把经济增长中的投入要素和产出结果进行对比，从而得出两种相互补充的经济增长研究方法：第一种方法是增长理论，这种理论主要把生产过程中的各种要素投入做成关系模型，以求通过要素的投入促进经济增长；第二种方法是增长核算，利用各种要素的投入和产出比来计算经济增长。

关于经济增长的理论，在我国被广为传播的就是马克思的劳动价值论，马克思用劳动价值论来说明经济增长的方式。劳动价值论认为，商品的价值可以分为两个部分，一个部分是商品的价值，另一个部分是商品的使用价值，价值是商品价格的基础，使用价值是商品财富的象征属性。劳动是商品的价值的源泉。劳动和自然资源、物质资源在一起才能够创造出商品的使用价值。但是，劳动在人们的财富创造中处于首要和中心地位。① 在商品价值的创造过程中，自然资源和物质资源只是在这个过程中转移到了商品的价值中，而劳动给商品的价值实现了增殖。前者属于不变资本，后者属于可变资本，在这一系列的价值增长基础上，马克思提出了扩大再生产理论。

在商品的生产和销售过程中，马克思认为，人类所生产出来的商品并不是所有的都用于储存或者是所有的都用于消费，所以，社会上的商品应该分为两部分，一部分是消费品，另一部分是储存品：消费品被人类消费了，转化成了劳动力所需要的必要的生存资料，储存品则进入了产品的再次生产过程。所以，人类的生产活动部门就可以总的划分为两大部门，一个部门是生产消费品的部门，另一个部门是生产资本品的部门。当社会的物质资本和劳动力资本不变时，经济基本处于平缓状态；当我们扩大物质资本的投入和劳动力资本的投入时，经济就会因此增长。

比较马克思的扩大再生产理论和哈罗德—多马的经济增长模型，我们发现两者之间的理论基础是一致的，即都是通过增加资源投入来促进经济的增长。只不过，马克思的经济增长理论更为细分。首先，马克思在《资本论》中将人类的劳动分为简单劳动和复杂劳动，复杂劳动的质量很明显要高于简单劳动，所以，要提高经济增长，那么这里暗含可以通过提高劳动者的素质来提高劳动的质量这一方式。其次，在扩大再生产理论的指导下，我们要追求经济的增长，就必须减少消费，增加劳动力资源的投入和物质资源的投入，这样，我们才能够在现有的资源条件下，追求更高速的经济发展。马克思的扩大再生产理论在社会主义国家的实践中得到了充分的发挥。以苏联为代表的早期社会主义国家，主张在整个社会层面，控制人民的消费水平，实行配给制，节约大量的物质资本，同时鼓励更多的人投入工业和农业等的生产中，促进社会的经济增长。但

① 马克思主要论述了物质财富的创造，后来的学者们把这一原理推广到非物质财富的创造，如服务业。

是这种发展模式，由于社会长期的消费低下，消费对于经济增长的拉动作用比较弱，这就会导致劳动力质量不能持续提高，劳动者是生产中的第一要素，劳动者不能持续的发展，那么必然会导致整个生产过程出现问题。我国自从20世纪70年代开始实行计划生育政策，劳动力长期处于抑制发展阶段，经济的发展也会受制于此。

（一）新古典增长理论

新古典经济增长模型中比较典型的有两个，一个是哈罗德—多马模型，另外一个则是索洛模型。下面依次介绍这两类模型。

1. 哈罗德—多马模型

哈罗德—多马模型，英文名称为Harrod - Domar，它的创造者是哈罗德和多马，他们在研究经济增长理论时，创造性地把数理逻辑融入其中，成功地将凯恩斯的短期分析延长到了长期分析，同时还可以进行动态分析，从而为现代化的增长理论打下了坚固的基础。而使用哈罗德—多马模型必须满足以下条件：第一，整个社会只能生产一种产品；第二，劳动力按照一定的比例稳定上升；第三，社会的生产薪酬维持稳定；第四，拥有固定投入的生产函数，简单点来说，就是生产中只涉及劳动K和资本L这两个投入要素；第五，可以用简单的表达式 $S = s \times Y$ 来表示，其中储蓄S与产出Y成正比，s则为社会的储蓄比值；第六，整个生产过程没有折旧，技术也不会相应的提高。

哈罗德提出了一个新概念，即资本产出比，而它的定义就是社会的资本量和其产出的比值，这是由它们两者之间的关系所决定的，如果用 ν 来表示资本产出比的话，根据上述定义，可以用表达式 $\nu = \frac{K}{Y}$ 来表示。假设 ν 维持不变，则新增加的投资和产量就存在以下关系：$I = \nu\Delta Y = \Delta K$。而又根据投资量 = 储蓄值，进一步得到 $\nu\Delta Y = sY$，此时，可以认为经济行为已经处于平衡，从而得到表达式：$\frac{\Delta Y}{Y} = \frac{s}{\nu}$。这个式子作为该模型的基本表达式，表明当社会稳定增长时，产出的增长率 = 储蓄率 ÷ 资本产出比。所以，由该式得出，在 ν 保持不变的情况下，储蓄率 = 经济增长率，或者说增长率决定了投资率。此外，还可以看到，在该模型中，处于核心地位的是投资，而其他的因素，比如劳动力和人口都假设为稳定增长，所以这个模型的缺陷在于无法说明劳动力和人口的影响。

除了以上的概念外，哈罗德通过投资水平的差异，又给出了3个增长率，分别是实际增长率、有保障的增长率、自然增长率，其字母用G_A、G_W、G_N表示。其中自然增长率和有保障的增长率存在一定的关系，能够说明经济增长和人口的问题。$G_A=\frac{s}{\nu}$，表示的是储蓄率和实际资本产出比的比值；$G_W=\frac{s}{\nu_r}$，表示的是储蓄率和企业满意的资本产出比的比值；而$G_N=\frac{s}{\nu_n}=n$，表示为储蓄率和社会充分就业的资本产出比的比值，并且大小和人口增长率相等。而当出现$G_W=G_A=G_N=n$时，说明社会经济在平衡发展。由该式也可反映出，经济增长率和人口增长率的关系，即经济增长率的最大值就是人口增长率n。而当经济发展不平衡时，假如出现了自然增长率比有保证的增长率要大，即$G_N>G_W$时，则表明长时间的人口增长对社会的经济产生了刺激，促进了消费者的需求，增加了企业的投资量，这就说明了一个关系，那就是人口的增长会实现经济的增长。否则，当出现$G_W>G_N$时，这就表明长时间的人口数量减少，导致消费者的投资兴趣减弱，最终使得经济增长率降低。基于此，汉森·希金斯（Hansen Higins）得出了停滞理论，该理论可以说明人口和经济增长的关系，与凯恩斯主义者的观点相同。①

2. *索洛模型*

在哈罗德—多马模型被提出后，很多经济学家对此进行了研究，其中索洛（Solow，1956）和斯旺（Swan，1956）分别在自己修正此模型的基础上提出了新古典生产函数，该模型的前提条件除去了哈罗德—多马模型中假设固定投入不变的情况，其特点就是生产要素可以相互代替，相互利用。此模型又可表示为Solow－Swan模型，而它所要满足的条件如下：第一，社会的储蓄函数可以用公式$S=sy$来表示；第二，劳动力随着某个条件稳定的增长，假设比值为n，则可用$L=e^{nt}$来表示；第三，生产函数的报酬是规模化的；第四，要素边际报酬逐渐减少，生产的技术和劳动力有关，两者相互影响。

索洛模型中涉及产量（Y）、劳动（L）、资本（K）以及知识或技术（A）这4个变量。不管在哪一个阶段，社会经济发展中肯定存在由资本、劳动和技术等共同作用下的产品。

---

① Hansen Higins把凯恩斯人口增长促进有效需求增长，进而促进经济增长的观点，发展为停滞理论（stagnation theory），见张世晴：《评西方人口经济学的“停滞论”观点》，载于《人口研究》1989年第3期，第31～34页。

生产函数的表达式为：$Y(t)=F[K(t), A(t)L(t)]$，其中 t 表示时间。

由于该模型中假设生产函数规模报酬为定值，则可得到表达式 $k=\frac{K}{AL}$，此时生产函数的密集形式为：$y=f(k)$，表达的是单位有效劳动平均产值是单位有效劳动平均资本的函数。A 以定值增长，表达式为：$\dot{A}(t)=gA(t)$，$\dot{K}(t)=sY(t)-\delta K(t)$，其中 δ 为折旧率。而 $k=\frac{K}{AL}$，所以根据链式法则可得到：$\dot{k}(t)=sy(t)-(n+g+\delta)k(t)$，这个式子是索洛模型的基本方程，说明人均资本的增长值为人均储蓄 $sy(t)$ 减去 $(n+g+\delta)k(t)$ 的值，其中 $sy(t)$ 指的是实际投资，$(n+g+\delta)k(t)$ 指的是持平投资。当 $\dot{k}(t)=0$ 时，k 的稳定值就是 $sy(t)$ 曲线和 $(n+g+\delta)k(t)$ 直线的交点。所以无论 k 的初始大小为多少，到最后都会趋于稳定状态，所以世界各地的经济增长水平都会表现出相似性。在这种情况下，产量（Y）和资本（K）按照速率 $n+g$ 的大小增加，单位工人的平均资本平均产量也以 g 的比例增长。所以，在这种情况下，人口增长率越高，经济增长就会越快，这是由技术的进步所带来的增长。在保持其他因素不变时，如果人口增长率即 n 增加了，那么 k 值肯定会降低。由此可见，人口增长率会抑制 k 值的大小，进而造成人均产出和消费的下降，人们把这种现象叫作稀释效应。1958 年，科尔和胡佛（Coale and Hoove）对印度的人口增长进行研究时，发现其的稀释效应很明显。而人口增长率的提高，需要增加储蓄率，但是该模型的储蓄率是外生的，也就造成了无法调整这种情况。

1992 年，曼昆等（Mankiw et al.）对索洛模型的观点进行了总结，即一个国家的储蓄率越高，人口增长率越低，就说明这个国家越富裕。之后很多专家也对该模型进行了研究和修正。1965 年，凯斯和库普曼斯（Cass and Koopmans）把拉姆齐（Ramsey）的效用最大化分析加入到该模型中，从而引入了有代表的厂商决策和微观家庭，建立了一个无限期的优化模型，可以将储蓄率进行内生化。同年，戴蒙德（Diamond）利用塞缪尔森（Samuelson）所建立的世代交叠模型，将索洛模型和其结合，建立了一个世代交叠均衡增长模型，这个新模型也可以实现储蓄率的内生化。这两个新模型的差别是，第一个模型可以无限期地使用，而第二个模型则规定了家庭的期限，而相同点就是其所得到的结论和索洛模型基本相同。

（二）新增长理论

前面所提到的新古典理论，是通过分析经济增长的外部因素来解释的，虽然这个分析的角度比较合理，但是它忽视了对其自身增长的分析。而新增长理论则可以解决这一难题。新增长理论是从经济增长的内部出发来分析经济增长的原因。因此，经济学者们又将其称为内生增长理论。一个国家要想持续的发展，就需要从其内部找到持久的经济动力。新增长理论就把这个动力比作发动机（engine）。对于发动机的定义，有三种理解，第一种是内生增长模型，这种模型是外部因素引起的；第二种是凸性增长模型；第三种是 R&D 模型。

1. 内生增长模型

内生增长模型的基础是外部经济分析法，该法由马歇尔所创造，这种模型的前提是技术的溢出导致的生产函数收益增加。比如罗默的知识溢出模型、卢卡斯人力资本溢出模型、巴罗公共产品模型等都属于这一类模型。学者们对这些模型进行了归类，分别是“干中学”模型、知识溢出模型、人力资本模型以及公共品模型。

1956 年，罗默提出了知识溢出模型，该模型是将知识引入到增长模型中。罗默认为实现经济增长的关键原因正是知识的积累。他还认为私人厂商投资的原因是知识或者技术，虽然投资也会出现边际报酬递减的情况，而知识或技术的这种效应，可以对其进行弥补，避免投资知识或技术报酬下降的情况发生从而促进经济发展。而国际贸易与增长理论则认为国际贸易能够帮助知识的扩散，从而促进经济增长。1995 年，科和赫尔普曼（Coe and Helpman）对这一方面展开了实际研究，从而用实践证实了该理论的正确性。1998 年大卫和勒维（David and Loewy）在进口促进技术的前提下，提出了两国经济的追赶模型，该模型说明了技术的学习可以促进经济的增长，也可以帮助各个国家收敛经济。同年，阿基翁和豪伊特（Aghion and Howitt）也指出了发展中国家可以学习国际的技术，来实现本国的经济发展，这种学习方式可以较多地节约成本。而国际贸易理论中，知识和技术扩散的方式可以是跨国公司在受资国经济活动的传播效应，也可以是设备、仪器等学习机会以及加速创新投入和知识传播。

卢卡斯（Lucas，1988）在阿罗（Arrow，1962）和宇泽弘文（Uzawa，1965）的基础上提出了人力资本模型。他把人力资本的溢出效用解释为向他人学习和相互学习。一个人通过教育提高人力资本，可以对他周围的人产生有益的影响。卢卡斯通过人力资本的外溢效应解释增长，认为技术进步是教育部门进行人力资本投资的结果，而增长是人力资本不断积累的结果。

“干中学”模型认为知识获得是经验和学习的产物，厂商在投资和生产过程中通过积累生产经验可以提高劳动生产率，而这些经验和知识也被其他厂商利用，从而提高社会的劳动生产率。因此一个企业的生产率可以视为整个经济总投资的函数。模型的含义是知识创造是投资的副产品，知识溢出导致整个经济中生产率的提高，具体表现为整个经济中报酬的递增。

巴罗（Barro，1990）的公共产品模型认为政府是推动经济增长的决定力量，政府提供的公共产品，带来私人厂商生产率和社会生产率的提高。巴罗研究了两种情况：在政府的公共品非竞争性和非排他性的模型中，他设定的生产函数为 $Y = AK^{\alpha}L^{1-\alpha}G^{1-\alpha}$，其中 G 为政府产品；在政府的公共产品具有部分竞争性和排他性的模型中，他假设生产函数为 $Y = AKf\left(\frac{G}{Y}\right)$。政府可以通过税率选择，使分散化的均衡增长率等于社会最优增长率。

外部性模型的主要特征是：知识和人力资本积累、生产率提高是其他经济活动的副产品，因此不需要补偿，可以维持完全竞争分析框架。个别厂商的生产函数可能规模报酬不变，但是整个经济的生产函数规模报酬递增。因此，外部性模型得出了不同于新古典增长模型的结论：政府的政策不仅具有水平效应，还具有增长效应。

2. 凸性增长模型

完全竞争条件下，第二类内生增长模型是在总量生产函数规模收益不变，即凸性生产技术的假设下，说明经济实现内生增长的可能性。代表性模型有 AK 模型、琼斯—真野惠里模型（Jones and Manuelli，1990）、雷贝洛模型（Rebelo，1991）、金—雷贝洛模型（King and Rebelo，1990）等。其中 AK 模型是最简单的凸性增长模型，基本表达式为 $Y = AK$，A 为表示技术水平的正常数，K 为资本存量。储蓄条件符合新古典假设，在假设没有人口增长和技术进步的情况下，所有储蓄都转化为投资，则 $\Delta K = sY = sAK$。进而，资本增长率等于产出增长率 $\frac{\Delta K}{K} = \frac{\Delta Y}{Y} = sA$。在这样的情况下，储蓄率越高，产量增长率也越高。由于资本边际报酬不递减，资本积累过程不会停止，即使经济中不存在任何技术进步，资本积累也能够使经济在一条平衡增长路径上增长。在这样的条件下，如果考虑人口增长和技术进步，则经济的增长率γ^*为：

$$\gamma^* = sA - (n + \delta)$$

其他模型在 AK 模型的基础上进行了拓展。这些模型中资本报酬不递减的方式有很多种：第一种，拓展资本概念，假设资本包括物质资本和人力资本（Rebelo，1991）；包括人力资本的广义资本可以使资本边际报酬不递减（Knight and Luk，1994）；考虑人力资本的条件下，凸性增长模型是其他考虑人力资本增长模型的一个特例。第二种，假设存在一种“核心资本”，这种资本的生产不需要不可再生资源的投入（Rebelo，1991）。在这样的条件下，使得经济增长不再受不可再生资源的约束。雷贝洛（Rebelo）建立了一个两部门经济增长模型，其中暗含了在核心资本生产的过程中不可再生资源可以完全被可再生资源代替，这一点很难说符合现实情况。

凸性增长模型不是寻找技术进步的源泉，而是通过寻找让资本边际报酬不递减，使得即使技术不进步，经济也能实现内生增长的途径。

3. R&D 模型

在罗默（Romer，1986）和卢卡斯（Lucas，1988）模型的基础上，R&D 模型明确地将技术进步归结为厂商有意识的旨在获得垄断收益的研发行为，并运用垄断竞争分析框架。根据技术进步的表现形式不同，这类模型可以分为两类：一类是产品品种增加型增长模型；另一类是产品质量升级型增长模型。R&D 模型的核心思想是，技术进步是企业有意识地进行 R&D 投资的结果，在市场垄断竞争的情况下，厂商可以获得垄断利润，使其具有从事研发投资的积极性。

产品品种增加型将技术进步理解为中间产品或消费品品种的增加。这类模型主要有罗默（1990）模型、横向创新模型（horizontal innovation）（Crossman and Helpman，1991）、Young（1995）模型。产品品种增加型增长模型的中心观点是中间产品数量增加，提高了最终产品的生产率。在迪克斯特和斯蒂尔茨（Dixit and Stightz，1977）一个内生技术进步导致产品多样化的模型的基础上，罗默采用其 D—S 生产函数，假设经济中存在技术不同的两个部门——物质生产部门和研究部门。物质生产部门生产中间产品和最终产品，研究部门生产新知识，技术进步使中间产品和最终产品的规模报酬递增，技术进步保证物质资本的不断积累和经济持续增长。在任何时刻，新技术的产生量等于从事技术创新的人数与发明创造速率的乘积，因此人力资本是技术增长的关键投入要素。克罗斯曼和赫尔普曼（Crossman and Helpman，1991）则认为通过国际贸易能促进中间产品和最终产品的发展，以产品多样化为标志的技术进步推动了经济增长。

产品质量升级型模型（Crossman and Helpman，1991；Aghion and Howitt，1992），发展了熊彼特“创造性破坏的思想”，认为生产率的提高表现为同种产品质量的提高，这种提高质量的技术也是根据专门的研究开发获得的。产品质量升级的过程是市场中各个创新者竞争追逐的过程。质量竞争过程具有连续性和周期性，每一个产品只会享有有限时期的技术领先地位，当更高技术的产品出现时，就会被取代。质量竞争促使产品质量不断升级，而产品质量不断提升构成了经济增长的源泉。

新增长理论是在寻找技术进步，或是不存在技术进步的情况下，资本边际报酬不递减的原因和途径。由于知识积累和技术进步是研究的中心，一个与人口因素有关的重要变量——人力资本被发现。技术进步作为知识投入的结果，使得经济学家将人力资本引入生产函数。经济增长理论从仅仅将劳动力数量视为投入要素，转变为考虑劳动力的质量因素，实际上复归到斯密传统。将人力资本引入生产函数，在方法上，对于研究人口在经济增长中的作用是一个巨大的突破。

二、经济增长理论的总结

关于经济增长的理论，从上述的理论介绍中，我们可以看出，这方面的经济增长理论层出不穷，但是马尔萨斯的人口增长和经济增长的关系理论，对我们以后的经济增长研究具有深远意义。可以说，在20世纪80年代以前，在新增长理论出现之前，关于经济增长理论的研究大都限制于研究人口的因素和经济增长的关系，如古典经济学中对生产人口和非生产人口的划分，人口数量和经济增长的关系对于经济增长的影响等。随着新增长理论的出现，理论最重要的假设就是假定人口在经济社会中的比重是不变的，这样经济的增长率和人口的增长率是一样的，我们就可以关注人口质量的变化对经济增长的影响。新增长理论正是立足于这一点，人力资本在新增长理论中得到应用，人们更加关注在社会经济的发展过程中，如何通过人力资本的改变去促进经济发展，这与以往的马尔萨斯人口增长与经济增长的“低水平陷阱”截然相反。

综上所述，在经济增长的影响因素中，有人口的因素、物质的因素、技术的因素和劳动的因素，所以，人口作为影响经济增长的因素之一，其自身的变化也是我们需要考虑的，典型如人口老龄化就是我们必须进行考虑的因素之一，它对于经济增长具有重大的影响。

三、人口老龄化对经济增长影响的理论

根据前文我们所说的人口老龄化理论，结合诺特斯坦的人口转变理论，在人口发展的第二阶段，人口是高出生率和高死亡率、高自然增长率，从第二阶段走向第三阶段时，人口的自然增长率开始下降，低出生率和低死亡率造成人口老龄化问题日益严重。在人口发展转变的三个阶段中，第一个阶段社会需要抚养大量的少儿，少儿比重较大；第二个阶段社会劳动人口的比重较多，社会收入较多；第三个阶段老龄人口比重较大，社会同样需要高额抚养老龄人口。用人口发展历程理论来说，就是“婴儿潮时代”的影响。当“婴儿潮时代”未到来之前，人口数量较少，整体的人口数量属于平缓增长的过程，当“婴儿潮时代”来临之时，社会需要付出大量的费用用于婴儿的抚养，劳动人口的压力变大，当“婴儿潮时代”的人进入老年以后，社会老龄人口比重明显上升，社会抚养老龄人口的压力倍增。当“婴儿潮时代”过后，这种老龄化的现象还有可能持续下去（见图2－3）。

这种老龄化的人口现象，对于经济的增长来说，影响巨大。我们按照少年人口、劳动人口和老年人口的划分来说，少年人口一般都需要社会的抚养，社会需要拿出一定比例的社会财富用于少年人口的抚养；劳动人口是一个社会在一定时期的财富的主要创造者，所以一个社会中，劳动人口所占的比重越大，其经济增长的人力资本从数量上来说，也就越充足；老年人口的抚养来自两个方面，一个方面是自己在青年时代积攒的储蓄，另一个方面是在老年时期，社会拿出的救助费，这些费用来自劳动人口创造的财富。所以说，在一个国家或是地区，当其老年人口过多和过少时都会对社会经济产生巨大的影响作用。在

生命周期理论的储蓄和收入情况的区分中，当社会中老年人口较多，社会处于老年化状态时，社会需要拿出大部分社会财富抚养老年人，其经济增长速度必然就会下降；当一个社会中老年人口和少年人口的比重都比较少，劳动人口比重相对来说居于优势地位，那么必然会促进经济的进一步发展。前面一种情况由于社会的高抚养率，我们将其称作“人口负债”①。

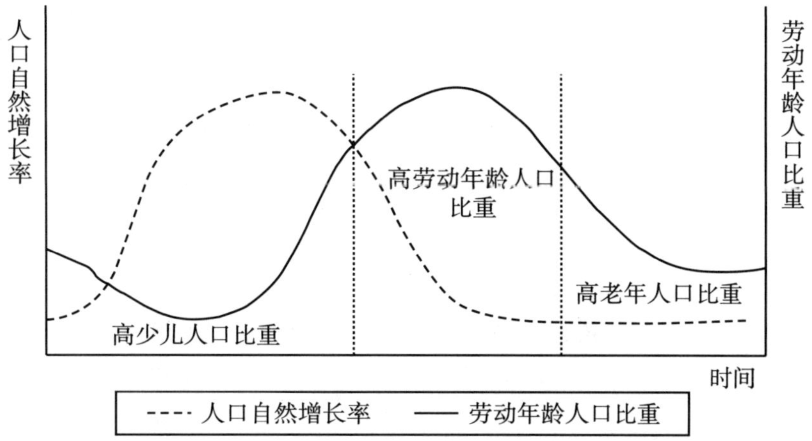

图2-3　人口转变与人口年龄结构变化

四、人口老龄化对社会保障的影响

随着老龄化程度在我国的加深，我国在人口结构、思维方式、经济生活等各个方面均产生了变化，人口老龄化正在逐渐成为一个重要的社会问题，在其带来的影响和变化中，老龄化对我国社会保障制度的影响越来越引起社会的关注。

所谓社会保障制度，是指政府通过国民收入的分配与再分配，依法对社会成员的基本生活权利予以保障的社会安全制度。在我国已经形成了以社会保险为核心的包括社会救济、社会福利和优抚安置在内的社会保障制度。该制度通过提供养老保险、医疗保险、失业保险、工伤保险、生育保险、社会救助和基

① “人口负债”也叫“人口亏损”，是指劳动年龄的人口总抚养负担超过0.5时，对经济产生的抑制作用。“人口负债”由人口转变中高少儿抚养比或高老年抚养比引起。

础设施建设等方式对社会成员的基本生活权利加以保障，并根据国家经济社会状况的变化，不断提升社会福利水平，提高社会成员的生活质量。然而我国老龄化情况的加剧对我国正在完善和发展中的社会保障制度提出了挑战。老年人口增加、社会负担加重等社会问题的出现使得我国社会保障制度应对老龄化战略不足的缺陷暴露了出来。只有理清老龄化对我国社会保障制度究竟产生了哪些影响，才能从战略角度对其进行改善，应对老龄化带来的更高要求。因此，本书拟从分析我国老龄化的现状和特征入手，结合相关数据，对人口老龄化对我国社会保障造成的影响加以分析，并基于此为我国的应对之策提出建议。

对我国老龄化现状和特征研究的主要代表性观点有：

何靖楠、李宁华等在《国内外人口老龄化现状及我国面临的挑战》（2011）一文中通过对比我国同美国、日本、澳大利亚、韩国等国家的老龄化现状，提出我国老龄化具有速度快、高龄化、绝对数大、地区发展不均衡、城乡倒置、女性化等特征，指出我国面临社会和经济的严峻挑战，特别是医疗和财政方面，并基于此呼吁社会对老人的健康和生活状况加以关注。梁媛在《老龄化背景下对我国家庭养老的探析——基于中西方不同的养老文化与养老方式起源比较》（2012）一文中指出，中西方具有不同的养老历史和养老起源，这也决定了家庭养老模式根植于我国的文化之中，在应对老龄化战略中必须被顾及，我国要构建适宜的养老保障模式，必须从这一国情出发，因地制宜。马利中在《中日韩三国人口老龄化的比较研究》（2012）一文中总结了中国老龄化的现状：中国的经济发展水平较低且老年人社会保障制度尚不健全，再加上计划生育政策的影响，因此中国老龄化发展速度快，且在社会物质财富、社会保障制度等方面都未做好准备。他明确指出我国的当务之急是尽快建立完善且符合中国国情的老年社会保障制度。

针对世界各国老龄化对社会保障的影响加以研究的主要观点有：曹莹在《德国应对人口老龄化的相关政策及启示》（2012）一文中阐述了德国人口老龄化使德国在养老、医疗方面的社会保障压力持续加大。文章指出，随着德国退休者不断增加、劳动者不断减少，德国养老和医疗出现了重大缺口。根据预测，德国在2040年，每两个劳动力就要负担一个退休者。这将导致德国社会保险出现巨大赤字。王运祥、周洁在《日本老龄化，社会问题的解读与启示》（2012）一文中阐述了日本老龄化对年金制度造成了影响：在年金制度方面，日本实施的是现收现付制，老年人可以通过社会福利、退休金等途径获取经济保障，然而随着老龄化的加剧、劳动力比例的减少，现收现付制已经受到了挑战。此外，屈毅博在《逐步加剧的美国人口老龄化问题探析》（2012）一文中阐述了美国老龄化对医疗制度的影响。文章指出，到20世纪90年代，美国有1/3的联邦预算用于65岁以上的老年人，全国医疗支出中，用于老年人的也占1/3，这对美国的社会医疗产生了巨大的冲击。韩枫、庄亚儿在《俄罗斯人口老龄化问题解析》（2011）一文中指出，老龄化使俄罗斯的养老负担加剧，使其不得不改变养老保障体系，并通过统一征收社会保险费、创立“国家福利基金”的方式来对养老体系加以补充。解韬在《英国应对人口老龄化的经验及对中国的启示》（2012）一文中阐述了老龄化使英国养老金产生了巨大的财政风险，给纳税人带来了负担，为了应对老龄化，英国不得不延长退休年龄并改革退休制度。

针对我国老龄化对社会保障的影响加以研究的主要观点有：黄元元、唐雯霞在《我国人口老龄化现象及其对社会保障制度的影响分析》（2008）一文中提出，老龄化在给社会和经济的可持续发展带来巨大的挑战的同时对我国社会保障制度的健全和完善提出了更高的要求。文章通过分析老龄化使社会保障的社会救助需求增加、赡养负担加重、养老保险压力增大等影响，提出健全和完善社会保障制度以适应老龄化的需要是我国的当务之急。田中禾、马雪彬在《人口老龄化对社会养老保障服务体系的影响和对策分析》（2002）一文中指出，老龄化对养老保障体系的影响主要体现在养老保险压力、国有企业负担和公共福利要求三个方面，并指出改革退休制度、多方筹集基金、加强社区建设是我国应当发展的方向。阳立军在《上海市人口老龄化及其对社会保障的影响》（2005）一文中通过对上海市老龄化现状和发展趋势的描述和预测，详细论述了老龄化对社会保障带来的赡养负担加剧和社会保障支出增加等影响，并在此基础上对上海市的合理社会保障支出水平加以测定。此外，成海霞在《走出人口老龄化的困境——人口老龄化对养老保险基金的影响及对策》（2006）一文中提出，人口老龄化对养老保险基金的影响主要体现在基金筹集、基金的收支以及养老保险中的个人账户积累等多个方面，因此我国社会保障制度应当从这几个方面着手加以改革，这样才能走出人口老龄化带来的困境。

五、人口老龄化对区域消费和储蓄的影响

人口老龄化在现实社会生活中引起了一系列的社会问题，比如未富先老、未备先老、老龄化经济衰退等，这些问题的出现不仅仅给社会带来了问题，给我们的经济增长也带来了一系列影响。我国的老龄化问题可以从区域上进行划分，一种是区域间问题，我国的各地区、各省市由于经济发展状况的不同，其老龄化的程度是不一样的，如东部地区比西部地区的人口老龄化问题更突出；另一种是区域内部的人口老龄化差异，比如某个省市的人口老龄化问题，由于其人口迁移、外出打工等情况，在某一区域短时期内，可能会出现人口老龄化现象严重或是减轻的现象。

1. 人口老龄化区域差异变动特征

沿海地区的老龄人口规模大且增速快；三大地带的人口老龄化率逐年稳定增长；沿海地区比中西部地区早 10 年进入老龄化社会；发达省区人口老龄化率领先全国；人口老龄化与地区经济发展水平显著相关；东部地区人口老龄化情况严重于西部地区；东部地区老龄人口增长速度慢，出生率也较低；东部人口的老龄化率年均变动差异缩小。

2. 人口老龄化区域类型划分

目前，我国国内关于人口老龄化现象区域类型划分的研究分析比较少，只有简单的几个实例，如利用城乡区域对比分析老龄化区域差异、利用东西部地区的区域对比分析老龄化现象、利用 Q 型聚类法对全国的老龄化现象进行区域分解，等等。所以，可以说，我国人口老龄化区域类型的研究存在巨大的潜力，我们在这方面做一定的研究分析，以求为不同区域的老龄人口研究做出贡献。

截至 21 世纪前期末，学界对全国范围的老龄化人口的区域差别进行了研究分析和类型划分，一共可以分为四大类型：以上海为代表的省区划分为快速深度老龄化型；西北地区属于慢速浅度老龄化型，老龄化还没有开始，或是极缓慢；中西部一些地区老龄化程度较高，比如重庆；还有些省市处于慢速老龄化时期向快速深度老龄化时期的转变阶段。而就全国整体而言，则是处于慢速浅

度老龄化时期转向快速浅度老龄化时期。

我国人口的发展状况，很大程度上和我国的现实实际密切相关，主要体现在两个方面——我国的计划生育政策和人口迁移。自从20世纪70年代开始，我国开始实行计划生育政策，随着该政策的深入，人口的出生率逐渐降低，但是在此之前人口的出生率较高，大量的人口增长，造成老龄人口和劳动人口较多，但是随着出生率的降低，人口增长缓慢，少年人口不足，社会老龄化现象日益严重。第二个方面的因素和我国的现实经济发展状况有关，有的地区，由于其经济发展迅速，需要大量的劳动力，而贫困地区为了寻求生存和发展，大量劳动力开始外出，迁移至其他经济较发达的地区务工，这就造成一些地区老龄化现象严重，而另一些地区劳动人口比重较大的现象。所以，总体上说，中西部地区人口迁移程度比较高，而东部地区迁入的人口较多；中西部余留下的老龄人口较多，而东部地区吸引的劳动人口较多。

在大量的社会调查实验研究和分析总结后，我们发现中国的人口老龄化和我国人均国内生产总值（GDP）之间是一种对数关系，随着人均GDP的不断上涨，人口老龄化现象也越来越严重，但是当人口老龄化现象达到11%之后，即使人均GDP增加了，人口老龄化的变化幅度也不大，这种实验结论还有待于我们进一步检验，但是它基本上正面反映了人口老龄化和经济增长之间的影响关系。

3. 人口老龄化对消费的影响

关于人口老龄化对消费的影响，主要是分析不同消费人群的消费需求状况，进而观察老龄人口的消费需求状况，从少年人口、劳动人口和老年人口三个结构层面进行分析。

其实，在经过一定的理论和实践研究，并且对分析的结果进行模型构建之后，我们发现，在消费水平、消费规模和消费结构方面，人口老龄化都是有一定影响的。

在实验中，我们并不能将消费和年龄直接进行模型分析，因为，在实践中通过对过去二十多年的消费水平的分析，我们发现这种消费模型分析的方法与现实不符。笔者认为，这可能是由于过去二十多年间，我国的人口老龄化现象刚刚开始，这种现象在经济发展中的影响还不是特别明显。

但是，通过引入标准消费人消费函数模型，将我们的年龄结构引入该模型中，可以发现随着整个社会人口年龄的变化，老龄人口对于社会经济发展的作用至关重要，比如老龄人口的数量、消费水平、消费规模等都对社会整体的消费水平具有重要的影响，特别是老龄人口不断增长，其消费较少，而且社会又需要拿出大量资源进行赡养，所以，我国的消费水平会因此受到影响。

人口的老龄化对社会、经济的影响主要体现在三个方面。对经济制度的影响，主要体现在因为养老压力而产生的保险、税收、财政、医疗制度方面的改革。对经济市场的影响，主要包括劳动力短缺带来的移民、生育方面的变化；老龄化带来储蓄和消费的变化及在护理、老年产业方面的新需求；老龄化导致的市场萎缩带来的竞争加剧和对技术创新、人才培养的重视。对经济社会环境的影响，主要指老龄化带来的理念变化。综合以上的研究分析，笔者总结出影响我国消费水平的重要因素有：居民收入水平、居民收入差距、储蓄率、老龄人口的购买力、农民购买力，等等。对于消费的影响，在本书中，笔者主要通过分析人口的结构，尤其是老龄人口的消费特征，对社会经济发展过程中消费的支出结构、支出水平和支出内容进行研究分析。

4. 养老模式与家庭消费结构的关系

在家庭的消费中，关于老龄人的消费支出主要有以下几个方面：首先，老龄人口的消费内容发生改变，开始关注于精神消费，比如在旅游、知识培训方面的支出增加。其次，老龄人口的较多储蓄仍然为自己的子女乃至孙子女进行支出帮助；同时，一些老龄人口在晚年时也需要子女的大量经济支持。最后，医疗保健方面的支出在老龄人口的支出中一直占据着重要比重。

我国的老龄人养老模式，依然是以家庭自给自足的养老为主，在计划生育之前，一个家庭的子女普遍较多，养老负担比较小，但是在实施计划生育政策之后，一个家庭一般只有一个孩子，这样在两代人以后，家庭养老负担较大，一个孩子需要赡养两对父母。所以，我国的养老模式需要切实的改善和转变，否则，人口老龄化将会对中国社会产生巨大的发展威胁。

所以，摆在我国养老发展制度的面前有两条路，一条是转变养老制度，从传统的家庭养老转向社会养老，让社会的养老职责充分发挥出来，这有利于减轻家庭养老的负担；第二种是继续延续传统的家庭养老模式，随着老龄化的加深，这种养老模式必然会给家庭带来巨大危害，甚至造成家庭的瓦解，不利于社会的和谐、可持续发展。

5. 人口老龄化对城镇居民消费的影响

根据人口结构的影响因子，基于新古典消费理论模型，通过分析发现：在其他一切条件不变的情况下，人工抚养与平均消费倾向呈正比关系，即人口的抚养比重越高，相应的平均消费情况也会越高；同样，老龄化程度与平均消费倾向也呈正比关系。

以我国城镇居民为消费群体对其进行研究，同时运用2001～2008年我国各省的面板数据作来数据来源，对我国城镇居民少儿人口扶养比、老年人口扶养比和居民消费行为之间的关系进行研究比对，不考虑其他因素，只运用理论模型，并通过实证分析可以发现，老年人口抚养比对居民消费情况有着极为显著的影响，其呈正比关系，即当老年人口比提升时，居民消费倾向值将会增加，反之减少。

具体体现在以下两个方面：

一方面，老年人口的抚养比与平均消费倾向呈正比关系。第一，由于老年人比例增高时，对国家与社会抚养增加了一定的负担，负担越高则消费倾向值越高；第二，在劳动生产方面不受技术条件的影响，当劳动者的年龄人口比例下降时，社会总产出水平将会下降。以上两个方面均对社会总产出中用于消费的比例有着关键的影响。本书的研究特点是结论正好与其他研究结论相反。以往诸多专家学者通过世代交叠和生命周期理论两个指导因子得出当老年人口比例提升时，相对应的社会平均消费倾向会有所下降的结论。而这一结论本身从指导理论的角度来说是不符合我国国情的。（1）我国是典型的发展中国家，社会与经济的发展正处于起步阶段，当今社会中我国的老年人在年轻的时候，他们的生活水平较低，仅仅能解决温饱问题，基本无居民储蓄或其他额外消费。而生命周期理论中体现的居民生活规划，对自己的储蓄和消费都有一个科学合理的规划，但我国历史和现状都不具备这样的条件，我国目前的老年人并非依靠储蓄来维持生计；（2）学者余永定、李军（2000）研究认为，我国居民的消费形势是以阶段性消费目标为主而进行储蓄消费的，在我国居民生活消费的概念之中缺乏“一生规划”这样一个理念。

另一方面，根据我国历史及国情，我国少儿人口抚养支出比和平均消费倾向两者之间的统计关系并不是很明显，这一点也不符合研究模型的理论支撑。最根本的原因是，在我国，一个家庭抚养未成年人总体的扶养支出弹性较小，尤其是在家庭抚养孩子数量方面。基本上一个家庭抚养孩子的消费支出处于一个比较稳定的比例状态，大多数的家庭会在抚养孩子数量比较多的时候，通过降低每个孩子的支出来平衡总体的少儿扶养支出；在孩子数量比较少的时候，父母可能会给孩子提供更为优良的生活环境，提供较好的教育。2000～2008年是我国社会与经济发展比较快的几年，随着经济的高速与持续增长，人们的生活水平日益提高，越来越多的家庭更加注重对子女的教育，此时在未成年人教育支出方面的费用有所增加。虽然未成年人口抚养比呈下降趋势，但在家庭支出中教育支出的比例并没有发生较为显著的下降，因此，通过计量模型得出在我国，少儿人口抚养支出比和平均消费倾向两者之间的统计关系并不是很明显的结论。

6. 我国人口老龄化现象对农村居民消费的影响

自改革开放以来，我们经历了40多年的经济体制改革，其间我国农村居民的收入水平明显提升，但贫富差距也较为显著。尤其是改革开放初期，我国实行计划生育政策，以及在市场经济的驱使之下农村年轻劳动力不断向城市中迁移，导致我国农村人口老龄化比重较高。基于最具代表性的中国家庭收入项目调查（CHIP）数据（1988～2002年），从生命周期理论这一方面，对我国农村居民消费与收入之间的关系进行研究，并进一步对它们与农村人口老龄化之间的关系进行相应的论证。

第一，我国农村居民消费不平等与收入不平等相比，其影响度较低。这一发现说明我国农村社会存在着一种风险机制，并且这种机制可以减弱对收入的外在影响与冲击，同时这也充分说明要在农村地区建立健全社会保险体系，只有这样才可以有效地帮助农村居民解决因收入的波动带来的生活甚至生存问题。

第二，对1988～2002年农村人口数据分析发现，我国农村居民消费及收入的不平等变化是由年龄组内的不平等关系引起的，这一点充分说明不平等的主要来源就是经验及年龄带来的收入和消费不平等。其中，分析发现50岁是一个非常关键的年龄，之后其年龄所发挥的相关效应基本趋于平缓势态，而之前所发挥的效应十分的明显。

第三，通过回归分析法以及不平等方差分解法分析发现，在我国农村社会，因老龄化带来的收入及消费的不平等情况比较少。在农村家庭，教育和家庭规划是影响其消费不平等的重要因子之一，尤其是教育，对减少这种不平等现象起着关键的作用，而家庭规模这一方面的差异对家庭之间的总体差异影响较大。

以上结论表明，我国农村社会在1988～2002年的确经历了农村社会经济高速增长及人口老龄化比重增高的过程，但这两个方面对我国农村居民的收入及消费的不平等影响都不是很大；反之，从教育、家庭规划、劳动经验等因子方面进行对比分析，这些因子对现阶段我国农村居民收入和消费的不平等有着十分深远的影响。

7. 我国人口老龄化现象对居民储蓄方面的影响

结合生命周期理论的相关研究结论，居民在不同年龄阶层的储蓄与消费都存在着一定的差异，根据这一结论可以充分说明，在我国社会人口老龄化不断加剧的过程之中，居民的消费结构和储蓄情况必定会受之影响，当人口老龄化现象就是使人口从劳动状态逐渐退休，此时未成年人口和老龄人口两者都成为社会的单纯消费者，居民的储蓄率将会受到影响，呈下降趋势。

我国目前的社会保障体系会给老龄人口一些退休金或津贴，可以基本解决一部分老龄人口的生活问题，但老龄人口不储蓄、少储蓄，所以导致整个社会的储蓄减少。分析瑞典的相关情况，20 世纪 60 年代养老金计划在瑞典普及实施，其国家储蓄率由 7% 下降至 1% 。同之，美国社会实施保险制度之后，其居民储蓄也大大减少。李仲生（2006）曾指出，养老金制度的推广与实施，导致部分职工提前退休，工资总额呈减少趋势，同时居民储蓄亦减少。

随着老龄人口比的增加，相应的养老、医疗费用支出日趋增长，其中存在的一些不确性导致成年人预防性储蓄增长。尤其是我们推行医疗保险制度，原先的公费医疗被其代替，医疗费用由国家、企业、个人三者共同承担，尤其是国有企业的退休老龄人口因企业的经营变化情况产生较强的不安全感（胡立法，2002）。而在我国农村社会，医疗保险参保水平较低，老龄人口的消费受其影响变得更为谨慎，生病后常会出现小病不治、大病小治的现象。

（1）人口老龄化增加储蓄的理论依据。

劳动年龄人口稳定增长、劳动力众多、经济发展加速的时候一般会出现人口老龄化，这样的规律导致劳动人口出现“先增后减”的现象，同时老龄人口逐步增多。首先，从我国人口发展趋势来看，在 1999 年到 2010 年间，我国 15 ~64 岁劳动年龄人口从 85 157 万人增长至 99 843 万人，其中有就业意愿的劳动人口从 72 791 万人增至 78 388 万人。劳动力的快速增长致使货币供应量增加，而货币供应量的增加促进了居民储蓄的增加。其次，经济的快速发展使劳动者的收入提高，带动相应的资产价格提升，储蓄存款上升。最后，经济的快速发展加快了货币的流通速度，使投资机会增加，从而吸引一部分资金用于储蓄。

（2）老年人消费减少。

根据德国的相关研究，1983 年，德国家庭的净储蓄与家庭户主年龄呈正比关系，户主年龄增加其净储蓄增加。分析其内因，主要是由于在德国，老龄人口享受着非常高的社会保险，而其实际消费能力较低，因此出现“被储蓄”现象（Supan A. B. and K. Stahl，1992）。2003 年，65 岁以上的老龄人口占美国总人口的 13%，而在美国最富裕的 40 万人之中其占比则为 54%，这种情况之下，美国为了促进消费不得不出台财产继承税。同时，发达国家注重教育孩子经济尽早独立，这些都与老龄人口消费水平不足有关。

在我国，老龄人口消费品市场与人口老龄化现象之间的关系反应不足，在庞大的市场需求之下，老年人消费品市场显得“捉襟见肘，品种较少，在全国消费品种占比不足 0.5%”（袁玉玲，2003），这种现象与快速增长的老龄人口及其消费水平相比，极为不平衡。一部分有稳定收入的老年人也无法形成消费形态，此时老年人口的收入会呈现“被储蓄”状态。更为重要的是，这些老年人都经历了贫困时代，受国家计划经济体制的影响，观念保守，习惯把钱存入银行。

（3）家庭结构变化。

在我国社会，年轻人的生存压力及竞争压力越来越大，受生活方式等的影响，两个年轻人抚养四个老人和一或两个孩子的家庭模式越来越明显，这样的压力导致年轻人赡养老人的能力呈下降状态，也不断迫使老年人转变观念不仅仅依靠家庭来养老。

（4）数理模型。

实际利率水平、收入水平、家庭规模、人口结构和城乡分布、金融市场的流动性和发达程度、宏观经济政策等，对家庭的储蓄和消费行为有着非常重要的影响。莱夫（Leff，1969；1971）利用 1964 年 74 个国家的截面资料研究发现，人均收入水平、经济增长速度、少儿抚养比、老年抚养比、总抚养比对国民储蓄率均有显著影响。拉姆（Ram，1982）利用 1977 年 128 个国家的截面数据进一步研究，也得出基本相似的结论。

利用莱夫的（1969）模型，可以检验改革开放以来中国人口抚养比对储蓄的影响。由于使用分省时间序列资料和考虑到地区间政策性差异，我们在模型中引入了年份虚拟变量和地区虚拟变量。用于分析的回归方程如下：

$$\ln\frac{S}{Y} = \alpha 0 + \alpha 1\ln\frac{Y}{N} + \alpha 2\ln g + \alpha 3\ln D1 + \alpha 4\ln D2 + \alpha 5 Year + \alpha 6 Region + \varepsilon$$

公式中，$\frac{S}{Y}$代表储蓄率，即国民收入中用于储蓄的比重；$\frac{Y}{N}$代表人均国民收入水平；g 代表经济增长率；D1 代表少儿抚养比，D2 代表老年抚养比；Year 代表年份虚拟变量，Region 代表地区虚拟变量；αi（$i=0, 1, \cdots, 6$）代表待估参数，ε 代表误差项。

在回归结果上，方程中除了人均收入水平回归系数结果不显著外，经济增长率、少儿抚养比、老年抚养比、总抚养比等变量回归系数统计值都达到 1% 或 5% 显著水平，与理论预期一致。

另外，在地区虚拟变量上，以东部地区为参照组，中部地区虚拟变量的回归系数统计值达到 1% 显著性水平，西部地区虚拟变量的回归系数统计值则不显著。东部地区对外开放时间早，市场化程度高，吸引了大量外资流入，增加了储蓄和投资，实现了快速增长。西部地区的高储蓄率与中央财政收入转移支付政策密切相关。中部地区由于没有相关的优惠政策，在控制了其他变量之后，储蓄率最低。

从已有的研究成果来看，人口老龄化是一个相当复杂广阔的问题，涉及经济发展模式的方方面面，对消费、投资、储蓄、社会保障支出等都产生了不同程度的影响。从定量模型角度来说，基本上分为两种，一种是在现有理论的模型中引入老龄化变量，或者改变假设，做出数学推导后再用计量经济学方法加以量化；另一种就是直接运用计量经济学方法研究老龄化与各种经济变量之间的关系。值得借鉴的是，很多学者在建立定量模型研究的过程中，都十分注意运用对比方法，如增加或删减自变量，从总量简单平均的角度分析或者通过加权平均之后得出的变量进行分析等，这样能够更加清晰地反映因变量与各自变量之间的关系。另外，各种分析和预测方法在以定量模型研究老龄化的问题中也是极为重要的，科学选择分析和预测的方法对于模型结果的解读能够提供很大的帮助。

第三章
基于人口老龄化视角的经济增长模型构建与分析

按照现代社会的经济增长理论，影响社会经济发展的因素主要有以下几个方面：

（1）资本。影响经济发展的资本可以分为两类，一类是物质资本，一类是人力资本。物质资本主要是投入使用、价值转移，而人力资本在经济的发展中具有能动性的作用，能够对商品实现价值增值，而且随着现代社会对人的重视程度越来越高，人力资本的作用越来越大。

（2）劳动。这里的劳动主要是指劳动力，劳动力包括两个方面的因素，一是劳动的质量，二是劳动的数量，劳动力就是劳动数量和劳动质量的统一。一般来说，在社会发展的一定时期，劳动的数量是不变的，所以提高劳动力的质量就成为促进经济增长的一个重要手段。

（3）技术进步。科学技术是现代经济发展的动力之一，也是主要的动力，科学技术作为一种生产要素，在社会经济的增长中所起的作用越来越大。现代化的技术进步主要包括：知识进步、资源配置效率进步、管理水平进步等。

（4）企业家才能。企业家是劳动者的一部分，但是企业家往往由于其前瞻性的眼光、敏锐的头脑和非凡的才能而成为企业家，所以，企业家是现代社会经济增长的一个关键性因素，其能够优化资源组合，促进社会经济发展。

（5）制度。制度是一个社会经济发展的规范性要求，它不仅能够为社会经济的发展提供前瞻性的指导，而且能够促进社会经济发展，为社会经济的发展提供制度供给和制度动力。当前我国的社会主义市场经济体制，可以说，在相当大的程度上满足了我国经济发展的需求，为经济发展提供了制度动力支持。

综合国内外的研究分析文献，我们发现，人口老龄化现象对于社会经济的发展，涉及社会学、人口学、经济学、发展学等一系列学科，为此，要想对人口老龄化现象进行综合研究，我们必须要求构建基于数理统计的分析模型，将人口老龄化的影响因素和人口老龄化对于社会的影响综合考虑，以求得正确和完整的分析研究。

人口老龄化的日益加剧对于社会人口的构成产生了巨大的影响，这一改变对社会经济的生产环节和消费环节产生了不同的影响，这种影响有正面影响，有负面影响，有直接影响，也有间接影响，所以，研究人口老龄化现象对于社会经济发展的影响至关重要。本书的主要研究切入点就是经济发展的生产环节和消费环节。

笔者在本书所构建的分析模型主要是从生产模型和消费模型两个方面进行分析，用该模型来分析人口老龄化现象对于社会经济发展的影响。

第一节　生产过程中影响区域经济发展的作用机理与方式

在一个国家或是地区中，区域经济的发展除了受上文提到的人力资本、物质资本和自然资本的影响之外，还受到国家经济的政策和经济体制的影响。在本书，笔者总结区域经济发展的公式如下：

$$y = \frac{Y}{N} = X\beta \tag{3.1}$$

公式（3.1）中，y 是人均收入，Y 是经济总量，N 是人口数量，X 是决定经济增长的一系列初始变量和结构变量，β 是这些变量的边际效应。将人口老龄化因素纳入上述增长公式，可以通过以下变换来分析人口老龄化对区域经济发展的影响机制和途径：

$$y = \frac{Y}{N} = \frac{Y}{L} \times \frac{L}{N} = \frac{Y}{L} \times \frac{L}{E} \times \frac{E}{N_1} \times \frac{N_1}{N_2} \times \frac{N_2}{N} \tag{3.2}$$

公式（3.2）中，y、Y 和 N 所代表的含义同公式（3.1），L 是经济活动中有效劳动力的数量，E 是实际就业人口，N_1 是全部劳动力（包括实际就业人口和结构性、摩擦性失业人口等），N_2 是劳动适龄人口，按照人口学标准是 15～64 岁年龄段的全部人口。

其中，$\frac{Y}{L}$是有效劳动力的人均收入；$\frac{L}{E}$是实际就业人口的利用效率；$\frac{E}{N_1}$是就业率；$\frac{N_1}{N_2}$是劳动参与率；$\frac{N_2}{N}$是区域总人口中的劳动适龄人口的比重。

令 $y^* = \frac{Y}{L}$，公式（3.2）可以变形为：

$$y = y^* \times \frac{L}{E} \times \frac{E}{N_1} \times \frac{N_1}{N_2} \times \frac{N_2}{N} \tag{3.3}$$

对公式（3.3）求对数并对时间求导可得：

$$\Delta y = \Delta y^{*} + \Delta \frac{L}{E} + \Delta \frac{E}{N_1} + \Delta \frac{N_1}{N_2} + \Delta \frac{N_2}{N} \tag{3.4}$$

由公式（3.4）可知，人均收入增长是由人均有效劳动收入增长、有效劳动利用率变化、就业率的变化、劳动参与率的变化和区域总人口中劳动适龄人口的变化共同决定的。

一、人口老龄化通过影响劳动力供给而作用于区域经济发展

通过具体的分析可知，人口老龄化对于社会经济的发展具有深刻的影响，这种影响反映在人口机构上面主要就是造成劳动人口比重的下降。在一个区域中，社会财富的创造主要是由劳动人口的劳动所创造出来的，老龄人口的比重上升，必然导致劳动人口比重的下降，这种下降就会对社会财富创造的劳动力产生供求问题，再加上社会劳动力本身的质量以及其他方面的影响因素，区域经济会因此而发展迟缓，反之亦然。但是，当前国内关于人口老龄化现象的经济影响要么是从经济发展的角度进行研究，要么是从人口学的角度进行研究，总体来说，研究分析的角度比较单一，所以，这就要求本书在具体的现实研究中不能片面地去分析问题，而是要求综合人口学、经济学、社会学和政治学等进行综合的研究分析。

在一个国家或是地区的区域经济发展过程中，人口老龄化会造成劳动力供给的改变，由于社会出生率又相对比较低，所以，劳动力会出现一种贫乏现象，劳动力供给的不足，就会造成社会经济发展的人力资本不足，人力资本不足，会导致社会经济发展动力不足，从而人口老龄化对于经济发展的负面影响也就会凸现出来。但是，如果我们合适的、有计划地去开发老龄人口的再就业，提高社会劳动力的供给，不仅老龄化现象能够有所缓解，而且社会经济还会受益于此。

通过公式（3.4）我们可以看出，潜在劳动人口的开发有助于人口老龄化现象的缓解，消除人口老龄化的负面影响，这种开发主要有三种方法：一是提高劳动适龄人口的劳动参与率。比如鼓励、支持健康的老龄人口参与劳动，鼓励

妇女参与社会服务等。二是降低失业率或提高就业率。比如调整经济结构或出台激励就业的财政和货币政策等。三是提高有效劳动力的实际工作时间。比如提供更多的社会全职工作机会，减少兼职工作。

由于目前阶段中国总体上还处在人口红利期，劳动力供给相对充裕，因此对挖掘潜在劳动力的利用率未给予充分重视，但中国的劳动参与率确实是在逐步下降的。根据中国人口普查和抽样调查资料计算得到1990年、1995年和2000年的劳动参与率分别是79.18%、76.99%和74.08%。至于就业率或失业率，尽管中国各区域城镇登记失业率没有太大变化，但是由于这一数据可信度不高，因此对实际经济发展的指导作用甚小。[①] 2000年以来，就业难一直是困扰高校毕业生的主要问题。2010年中国政府决定以实际调查的失业率来取代城镇登记失业率，以准确把握中国劳动力就业状况和经济发展状况。对于劳动力实际有效工作时间的利用，私人企业和公共部门间差别较大。私人企业由于市场竞争机制的引入，有效劳动利用程度得到了很大提高，但公共部门竞争机制不完善，就业者端着“铁饭碗”再加上计划经济体制的持续影响，所以工作时间的有效利用有进一步提高的空间，这需要进行公共部门人事管理体制的深化改革。

随着人口老龄化程度的加深，各区域可以提高潜在劳动力的利用率以抵消因劳动供给减少而带来的负面影响。由于受人们偏好和经济政策等因素的影响，劳动参与率、就业率和实际工作时间的长短将处于动态变化中。预期寿命的延长以及对养老金水平的关注会鼓励人们增加劳动供给，而且如果劳动力稀缺，工资水平将会提高，这也会增加劳动供给。例如2010年，经历了2008年的金融危机复苏后的中国南方地区的很多企业出现了招工难的现象，工资待遇低的状况有所改善，但仍满足不了用人单位的需求。同时，如果区域政府意识到劳动力短缺，将会制定一些激励增加就业、提高潜在劳动利用率的政策措施来减弱人口老龄化对经济增长的负面影响。

总之，从劳动供给角度看，人口老龄化带来了劳动力资源数量的相对改变。由于劳动分工能够促进生产专业化，从而带来规模经济和集聚经济效应，而劳动力供给数量下降将弱化劳动的分工效应，这会导致总产出和人均收入水平的下降，也就是说，假如劳动力生产率保持不变，劳动供给数量相对减少则意味

---

① 王金营、蔺丽莉：《中国人口劳动参与率与未来劳动力供给分析》，载于《人口学刊》2006年第4期，第19~24页。

着总产出同比例下降。从人口老龄化对发达国家的经济增长影响来看，它确实对长期增长存在着一定的负面影响。据测算，劳动力供给冲击和公共财政冲击对欧盟和日本未来经济增长率的影响大约在0.5个百分点，对美国未来经济增长率的影响大约在0.25个百分点。①

二、人口老龄化通过影响劳动生产率作用于区域经济发展

人口老龄化通过改变劳动力的数量和结构减少劳动力的供给，从而抑制了区域经济发展。但是区域经济产出和人均产出最终如何变化却很难确定。比较简单的分析，就是假设人口老龄化不影响劳动生产率的增长，劳动力资源得到了最大限度的应用，劳动生产率对经济增长的作用就可以从就业人口和有效劳动供给上分离出来，劳动力供给数量的减少就必然会降低区域的经济产出。但是，人口老龄化对劳动生产率是有影响的，这就需要厘清人口老龄化究竟如何影响劳动生产率。决定劳动生产率的要素包括资本劳动比率、劳动者的技能水平、人力资本、技术进步和全要素生产率等，它们将最终影响区域经济产出的长期增长。

下面应用 Cobb - Douglas 生产函数来分析人均有效劳动收入 Δy^* 的变化。

$$Y = AF(L, K) \tag{3.5}$$

公式（3.5）中，A 是技术进步水平，F 是生产函数，L 和 K 分别是劳动力和物质资本的投入。在完全竞争和规模报酬不变的条件下，对公式（3.5）两边求对数可将投入要素和技术进步对产出的贡献表示为：

$$LnY = LnA + \alpha LnK + (1 - \alpha) LnL \tag{3.6}$$

然后将公式（3.6）对时间求导可以得到：

$$\Delta y^0 = a + \alpha \Delta k + (1 - \alpha) \Delta l \tag{3.7}$$

其中 a 是全要素生产率，也称为索洛余值，是经济增长减去要素投入增加的贡献之外的剩余，索洛将其归为技术进步的作用。Δy^0 是经济增长，α 是资本的产出弹性，Δk 是物质资本投入增长，Δl 是劳动力投入增长。

---

① Lucio Pench. *Aging and Economic Growth in Europe*. Paper presented at the Graying of the Industrial World - A Policy Conference on Global Aging, January 25 - 26, 2000, Washington.

因为 $y^* = \frac{Y}{L}$，两边取对数并对时间求导可以得到：

$$\Delta y^* = \Delta y^0 - \Delta l \tag{3.8}$$

由公式（3.7）和公式（3.8）可以得到有效劳动的人均收入增长，即全要素生产率的增长 a 和资本深化的增长 $\alpha(\Delta k - \Delta l)$，即：

$$\Delta y^* = a + \alpha(\Delta k - \Delta l) \tag{3.9}$$

由公式（3.4）可知，如果有效劳动生产率（全要素生产率增长和资本深化之和）不同时加速的话，人口老龄化将导致有效劳动投入的减少而减慢区域经济产出的增长。如果人口老龄化也减缓有效劳动生产率增长的话，经济产出的下降将远大于因劳动供给减少带来的减速效应。

人口老龄化社会为了保证稳定的经济增长，关键就是维持劳动生产率的高水平。发达国家和地区过去几十年中经济持续增长的主要动力就是有效劳动生产率的增长。尤其是在劳动供给数量减少和利用率已经很高的情况下，提高有效劳动的经济产出效率是区域经济增长的唯一选择。

发展经济学的后发经济优势理论认为，一个低经济发展水平的区域只要拥有获得较高的有效劳动生产率的优势，就可以以较快的加速度追赶发达区域。因为这些落后区域可以以较低的成本采用高劳动生产率的发达区域已经拥有的技术和组织管理经验。根据梯度理论，处于技术前沿的发达区域也有将成熟技术逐步向外围转移和溢出的需求，如中国东南沿海地区改革开放初期就是承接日本、韩国等发达国家或地区转移过来的技术、产业和生产等而发展起来的。

由公式（3.9）可知，劳动生产率或有效劳动人均收入可以通过以下途径得到提高：一是通过增加人力资本投入而提高劳动力技能；二是通过资本的深化而提高有效劳动的人均资本量；三是通过技术进步、制度创新、组织管理等方式提高全要素生产率。

知识经济时代，无论是发达国家还是发展中国家，经济持续增长的一个重要来源就是人力资本投资和积累。人口老龄化影响人力资本投资和积累，从而影响有效劳动生产率，最终影响区域的经济增长。一般而言，年轻劳动者的平均受教育水平高于老年劳动力，人口老龄化的一个重要影响就是劳动力的老化，即劳动适龄人口中 45～64 岁年龄组的劳动力比例逐步提高，这会降低劳动生产率。因为，劳动者生产技能的提高，一方面源于工作之前接受教育的质量和时间长短，另一方面源于“干中学”得到的工作技能和经验积累。无论哪一方面都会受到年龄的约束，年龄越大，接受新事物和新思想的活跃程度、创新能力等都会不同程度的下降，而且由于生命的有限性、退休年龄的约束以及代际间的工作更替等，年龄越大，技能积累进一步应用到经济活动的时间在缩短。这说明人口老龄化可以影响劳动者技能的提高和应用而制约区域未来劳动生产率的提高。

除了通过劳动者技能获得劳动生产率的提高之外，区域经济增长还可以依赖物质资本的积累，即通过提高有效劳动的人均资本量也能使老龄化社会在一定程度上抵消人口老龄化带来的负面影响。由于生产要素间的替代性，劳动力的缺乏可以通过更多资本应用来替代。当然，如果储蓄与投资因人口老龄化而减少，资本深化促进区域经济增长的效应就会减弱。

如果人力资本和物质资本投资都减少，区域经济增长就必须依靠全要素生产率的增加，即技术创新等。对于人口老龄化对全要素生产率或技术创新的影响有两种不同的观点：一种观点认为老龄化社会思想比较保守、经济再分配中消费资金比例较高、技术研发等创新资金消费下降，因此全要素生产率趋于下降，区域经济发展缺少经济动力。进一步地，如果资本市场萎缩，创新就缺乏经济利益的激励，已有的技术也将缺乏实践应用的机会而处于浪费的状态，而且有人认为总人口下降，聪明的创新者出生的概率降低。因此，该种观点认为人口老龄化不利于技术创新。在此观点下，人口老化降低了整个社会吸收新知识和新观念的速度，技术创新能力下降，从而诱发采取贸易保护主义措施来保护国内劳动力市场，削弱了技术进步和灵活劳动力市场对经济长期增长的贡献作用。另一种观点认为：因为劳动力稀缺，所以经济发展面临压力，有压力才有动力，这将会激励人们更加重视技术进步和全要素生产率的提高，而且经济全球化有助于通过外国直接投资或国际间的研发合作提高技术创新能力，还有助于引进高技能的劳动者和研究人员等。因此，该种观点认为人口老龄化将促进技术创新。在此观点下，劳动供给短缺将激励改进要素利用的技术创新，从而加速技术进步。这种观点建立在内生经济增长理论基础之上，认为经济政策的选择将影响技术进步。人口老龄化将诱发由重视物质资本投资向重视人力资本投资转变，从而潜在地促进了生产率提高。尽管存在观点差异，但有一点是共识，那就是维持高水平的人力资本、足够的储蓄和投资对全要素生产率非常重要，高质量的劳动力者和现代资本市场是创新形成和溢出扩散的重要源泉。

由于人口老龄化在很多方面都影响有效劳动生产率的提高，而且这些影响的方向和作用程度各异，因此人口老龄化最终是提高还是降低有效劳动生产率还很难确定。如果各种负效应相叠加，老龄化对经济发展的负面影响会更加严重。但也有可能净效应的负面影响很小或者净效应为正。无论如何，净效应的正负或大小还取决于政府的政策作用。如果政府采取合适的经济政策，如合理的公共财政支出政策、提高劳动市场的弹性以提高就业率和促进劳动力的有效配置、减少贸易和资本流动的障碍以促进竞争、改革制度促进人力资本投入和研发以及消除各种不利于竞争的因素等，通过政策的指导作用，不仅可以提高有效劳动生产率和人均收入，还可以获得长期经济增长的动力。据测算，这些政策措施的组合效应可以分别使欧盟、日本和美国的人均生活标准每年提高0.7、0.6和0.3个百分点。①

由图3-1可知，从生产角度来分析，人口老龄化对区域经济发展的作用机制主要有两方面：一是通过劳动适龄人口的规模、劳动参与率、就业率和劳动力的有效利用率等途径影响区域有效劳动的供给进而作用于区域经济发展；二是通过人力资本积累、技术进步、全要素生产率提高和资本深化等途径影响劳动生产率而作用于区域经济发展。因此，人口老龄化生产上的双作用机制既影响劳动的数量，也影响劳动的质量。

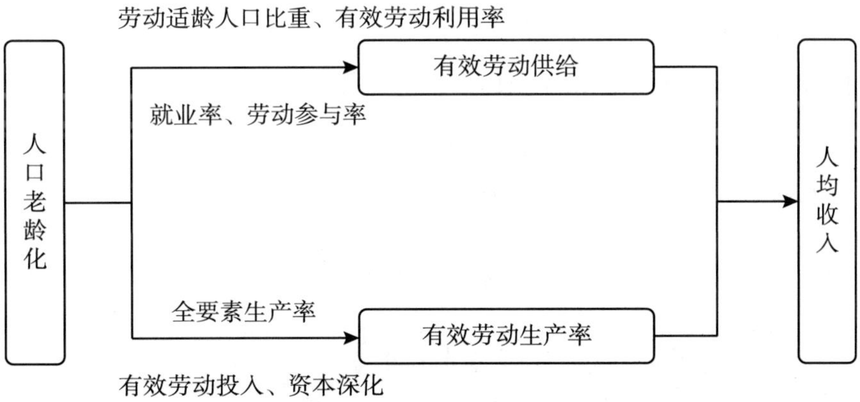

图3-1　人口老龄化在生产过程中影响区域经济发展的作用机理与方式

① Martins et al.. Inventive Output of Academic Research: A Comparison of Two Science Systems. *Scientometrics*, 2005, 63 (1): 145-161.

总之，区域的经济产出和国民收入是由各生产部门的劳动者创造的。从总体上看，老年人口作为退出经济活动的非劳动人口，其增多必然对国民收入的创造带来一定的影响。一方面，老年人口的增多，意味着劳动人口在总人口中的比重下降，在劳动生产率不变的条件下，劳动人口在总人口中所占的比重越小，所创造的国民收入越少。因此，随着人口日益老龄化，劳动人口在总人口中所占的比重降低，将使劳动创造的国民收入总量减少或增长缓慢。另一方面，人口老龄化的发展，不仅使老年人口增多，而且劳动力年龄也会相应老化，由此可能影响劳动生产率的提高。尽管影响劳动生产率的因素有很多，但起主要作用的是科学技术进步，如果科学技术进步克服了劳动力老化带来的不利影响，国民收入总量仍将不断增加，人口老龄化只是起了一个减速的作用。所以，人口老龄化在生产角度对区域经济发展的最终影响取决于有效劳动供给减少的经济负效应和劳动生产率提高的经济正效应的比较。

第二节　消费过程中影响区域经济发展的作用机理与方式

在宏观经济学中，一个开放区域的经济产出根据最终消费的支出可以分为消费、投资、政府购买消费和净出口四部分，即：

$$Y = C + I + G + X \tag{3.10}$$

引入人口老龄化因素可将上式分解为：

$$\frac{Y}{N} = \frac{C}{N} + \frac{I}{N} + \frac{G}{N} + \frac{X}{N}$$

$$\begin{aligned} y &= \frac{C}{L} \times \frac{L}{N} \times \frac{I}{L} \times \frac{L}{N} + \frac{G}{L} \times \frac{L}{N} + \frac{X}{L} \times \frac{L}{N} \\ &= \frac{C}{L} \times \frac{L}{L + L \times D} \times \frac{I}{L} \times \frac{L}{L + L \times D} + \frac{G}{L} \times \frac{L}{L + L \times D} + \frac{X}{L} \times \frac{L}{L + L \times D} \\ &= \frac{C}{L} \times \frac{1}{1 + D} \times \frac{I}{L} \times \frac{1}{1 + D} + \frac{G}{L} \times \frac{1}{1 + D} + \frac{X}{L} \times \frac{1}{1 + D} \end{aligned}$$

最终整理的结果就是：

$$\frac{Y}{N}=\frac{C}{L}\times\frac{1}{1+D}\times\frac{I}{L}\times\frac{1}{1+D}+\frac{G}{L}\times\frac{1}{1+D}+\frac{X}{L}\times\frac{1}{1+D} \tag{3.11}$$

公式（3.11）中，Y 和 N 所代表的含义同公式（3.1），L 是经济活动中劳动适龄人口的数量，D 是总抚养比（老年抚养比和少儿抚养比之和）。由公式（3.11）可知，一个区域人均收入的增加，从最终消费的角度来看，人口老龄化对其各部分构成都有影响。假定劳动适龄人口的人均消费、人均资本、人均政府支出和人均净出口保持不变，那么人口老龄化的发展带来区域总抚养比的提高，这必然减少区域的经济产出。也就是说，从消费角度来看，人口老龄化会带来社会总需求的减少。当社会有效需求不足时，消费对区域经济发展的激励作用不足，长期发展的结果就是区域经济增长的减缓。日本在 20 世纪 70 年代中期以后，老龄化快速发展，人口增长速度持续下滑，导致社会总需求的减少，从而使得人口老龄化对经济增长的消极作用日益显现。1973 年日本出生人口数为 210 多万人，2000 年则不到 120 万人，因此婴儿用品消费缩减近 50%。到了 90 年代，日本居民最终消费支出的增长速度明显下降。1986～1990 年，实际增长速度在 3.1%～5.1%，而 1991～1999 年降到 0.6%～2.5%，2000 年的增长率为 0，2001 年上半年也只增长了 0.5%。民间住宅投资、设备投资和库存投资降幅更为明显。1986～1990 年，民间住宅投资持续增长，其中 1987 年为 22.4%，1988 年为 11.9%，而 1991～1999 年的 5 年内为负增长。私人设备投资也呈现出同样态势。1986～1990 年，有 3 年增速在 15% 左右，而 1991～1999 的 5 年为负增长。库存投资 1994 年、1995 年和 1998 年的增速在 －100% 以上。内需萎缩不振，对 GDP 的贡献率自 1997 年以来的 4 年里均是负数。①

由图 3－2 可见，人口老龄化在消费领域对区域经济发展的影响主要是通过两种作用方式影响着区域的总消费需求。第一种作用方式是通过参与国民收入分配，从经济总量上减弱了社会的最终需求，并导致区域经济下一轮投资的减少。众所周知，老年人口数量的增多必然要求更多的养老、医疗、社会救助等不同方式的社会保障支出的增加，也就是说，经济产出中要拿出更大比例来支撑老年人口的生存。如果区域经济没有大幅度的增加，由于要分割出部分成果用于非生产性活动，其余的还要用于消费、投资、政府消费和出口的分配，因

① 李通屏：《人口增长对经济增长的影响：日本的经验》，载于《人口研究》2002 年第 6 期，第 63～68 页。

此最终下一轮的经济产出会因上一轮的消费不足和下一轮的投资减少而受到抑制。从公共投资角度看，如果人口老龄化速度加快，国民收入中用于非生产性消费的支出将大幅度上升，减少了用于生产性投资的公共投资比例，私人储蓄和公共投资减少，导致总产出和人均国民收入的增长速度随之下降。但是从另一个角度看，既然老年群体所获得的养老、医疗、社会救助等不同方式的社会保障支出增加，也就意味着老年群体自身消费支出的增加，而这在某种程度上对区域经济的发展是有利的。

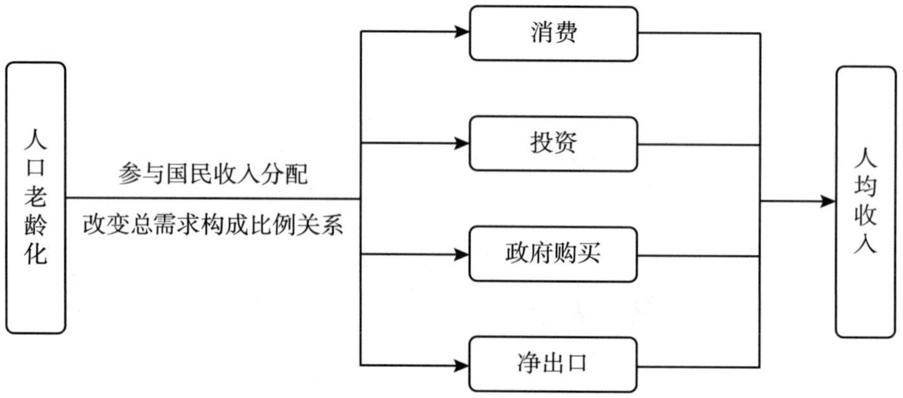

图 3－2　人口老龄化在消费过程中影响区域经济发展的作用机理与方式

第二种作用方式是人口老龄化程度的加深还会改变社会总需求各构成部分间的比例关系，即改变消费、投资、政府购买和净出口四个部分间的比例大小。其中任何一项的变化都会影响区域经济产出的大小以及经济产出变动的方向。在经济活动过程中，消费、投资、政府购买和净出口对经济产出的影响也存在差异，有的是直接影响，有的是间接影响，再加上宏观经济学的乘数作用，就会使它们对经济产出的影响倍增和扩大化。

总之，从消费角度来分析，一方面，老年人口参与国民收入的分配越多，就会更大程度地减弱社会其他群体的总需求而影响区域经济下一轮的发展，但是另一方面，老年人所得到的收入分配越多，老年人本身的消费支出就会越多，消费拉动经济增长。因此，人口老龄化在消费领域中对区域经济发展影响的最终结果还要看老年群体自身消费的经济正效应与其带来的投资减少以及社会其他群体消费减少的经济负效应的比较。

综合人口老龄化在生产过程和消费过程中对区域经济发展的作用机理分析，可以得到如下结论：

（1）人口老龄化对区域经济发展的作用机理极其复杂，影响层面也呈多元化。无论从生产角度分析，还是从消费角度分析（见图3－3），区域经济发展中都有人口老龄化的影响痕迹，既有积极影响，也有消极影响，影响方式不同且它们之间又相互关联，从而增加了对人口老龄化的经济影响分析的难度。人口老龄化是全球现阶段人口年龄结构变化的一种必然趋势，也是人口发展过程中的一个必然阶段，应该以辩证唯物主义的科学态度去认识它、对待它。

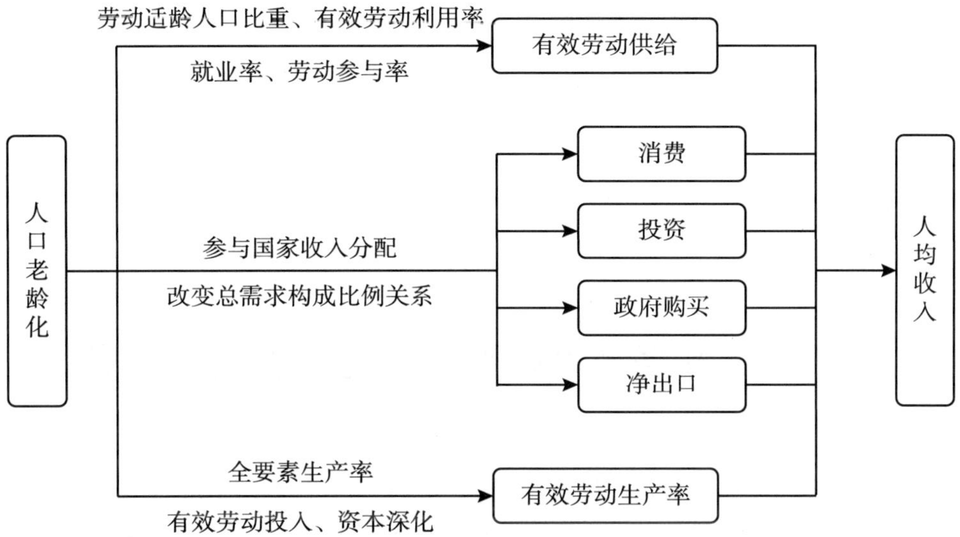

图3－3 人口老龄化影响区域经济发展的作用机理与方式

（2）人口老龄化与经济发展有着必然的内在关联性。生产和消费是区域经济发展中的重要环节，人口老龄化对生产和消费均有影响，因此也必然影响区域经济的发展。伴随着区域人口老龄化程度的加深，区域的经济产出也就必然发生变化。对于人口老龄化与经济发展相关程度的考察，时间段越长，人口老龄化对区域经济发展的影响程度越强。短期来看，人口老龄化对区域经济发展的减速效应不是很明显，但是从长期来看，人口老龄化对区域经济发展的减速效应将会越来越明显，负面效应将会越来越清晰，发达国家和地区经济增长的加速度逐渐减慢甚至是经济负增长就是很好的实践证明。

(3) 应用经济增长理论从生产角度来分析，人口老龄化通过影响区域的有效劳动供给和劳动生产率而对区域发展产生相应的经济效应。因此，人口老龄化在生产角度对区域经济发展的最终影响取决于有效劳动供给减少的经济负效应和劳动生产率提高的经济正效应的比较。实践中，人口老龄化在生产过程中抑制经济的负面影响而促进区域经济发展的主要方式是提高劳动生产率。

(4) 应用国民收入理论从消费角度分析，人口老龄化通过影响区域的总消费需求而对区域发展产生相应的经济效应。因此，人口老龄化在消费领域中对区域经济发展影响的最终结果还要看老年群体自身消费的经济正效应与其带来的投资减少以及社会其他群体消费减少的经济负效应的比较。实践中，人口老龄化在消费过程中抑制经济的负面影响而促进区域经济发展的主要方式是增加老年人的消费支出。

第三节　索洛经济增长模型的平衡增长路径

现代经济增长模型中都引入了知识和技术进步这一变量。根据知识和技术推动经济增长的作用视角的不同，经济增长模型主要有三大类：哈罗德中性、希克斯中性和资本加强型。索洛经济增长模型为 $Y = K^{\alpha}(AL)^{\beta}$，属于哈罗德中性，模型中主要包含四个变量：产量（Y）、资本（K）、劳动（L）和“知识”或“劳动的有效性”（A），生产函数的形式为：

$$Y(t) = F(K(t),\ A(t)L(t))$$

其中，t 表示时间。

一个重要假定是，该生产函数具有规模报酬不变的性质。这时，$\frac{K}{AL}$是每单位有效劳动的平均资本数量，而$\frac{F(K,\ AL)}{AL}$，即$\frac{Y}{AL}$是每单位有效劳动的平均产量。定义 $k = \frac{K}{AL}$，$y = \frac{Y}{AL}$，$f(k) = F(k,\ 1)$，那么：

$$y = \frac{Y}{AL} = F(K, AL) = F\left(\frac{K}{AL}, 1\right) = F(k, 1) = f(k)$$

则集约形式的生产函数可写成 $y = f(k)$。

对 $f(k)$ 的有关假定是：$f(k)$ 满足 $f(0) = 0$，$f'(k) > 0$，$f''(k) < 0$。其中，$f(k)$ 还满足稻田条件（Inada，1964）：$\lim_{k\to 0} f'(k) = \infty$，$\lim_{k\to\infty} f'(k) = 0$。

在索洛增长模型中，资本、劳动和知识的初始水平被看作是既定的劳动力和知识以不变的速度增长：

$$\dot{L}(t) = nL(t)$$

$$\dot{A}(t) = gA(t)$$

其中，n 和 g 为外生参数，一个变量上加一点表示对时间的导数。

产出分为消费和投资，其中产出中用于投资的比例 s 是外生的和不变的，这样投资 $\dot{K}(t)$ 可表示为：

$$\dot{K}(t) = sY(t) - \delta K(t)$$

其中，δ 为折旧率。尽管对 n、g 和 δ 没有单独给予约束，但三者之和被假定为正。

由索洛模型可以推导出一个重要的方程：

$$\dot{k} = sf(k(t)) - (n + g + \delta)k(t) \tag{3.12}$$

该方程是决定经济平衡增长路径（balanced growth path）的方程。这是因为，当 $\dot{k}(t) = 0$ 时，$k(t)$ 为常数，这时的人均有效资本量不增加也不减少，称满足于 $\dot{k}(t) = 0$ 的 $k(t)$ 为经济平衡增长路径上的人均有效劳动资本量，并记为 $k^*(t)$。

索洛经济增长模型表明，在储蓄率 s 一定的情况下，不管 k 从何处开始，最终 k 都向 k^* 收敛，即经济向平衡增长路径收敛。在平衡增长路径上，模型中每个变量的增长率都是常数，这时每个劳动力的平均产出的增长率仅仅决定于技术进步率。

方程（3.12）在图 3－4 中可被分解为曲线 $sf(k)$ 和直线 $(n + g + \delta)k$，其中，$sf(k)$ 为方程（3.12）中的实际投资项（actual investment），$(n + g + \delta)k$ 为持平投资项（break-even investment），在两线的交点处意味着实际投资与持平投资相等，即 $\dot{k} = sf(k(t)) - (n + g + \delta)k(t) = 0$。两线交点决定 $k^*(t)$ 的位置。[①]

---

① 李军：《老龄化与养老保障宏观经济效应分析》，中国社会科学院博士论文，2003 年。

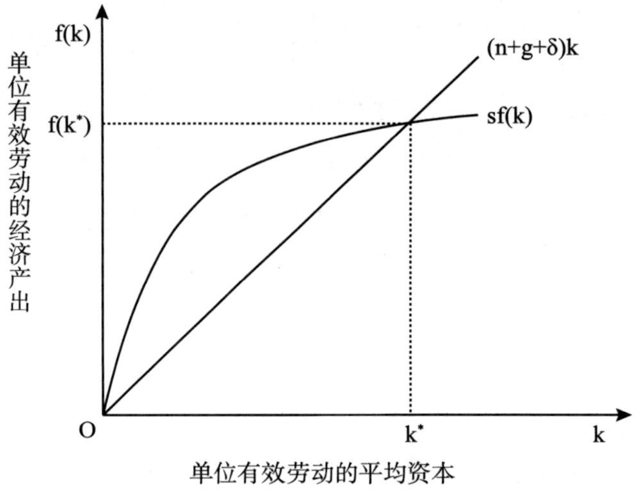

图 3-4　索洛模型的平衡增长路径

第四节　纳入人口老龄化因素的经济增长模型构建

对经济增长问题的研究，索洛模型提供了一个良好基础，但是在索洛模型中，没有老龄化因素这一变量。因此，索洛模型实际上忽略了老龄化因素的影响作用。以下分析将人口老龄化因素引入索洛模型中，使索洛模型成为分析老龄化因素对经济增长影响作用的一种有效工具，这也是对索洛模型应用的扩展。

首先，人口老龄化在生产领域对区域经济发展的影响主要是通过就业劳动力数量以及劳动生产率来反映，本书通过 $L=(1-a-c)eN$ 将老龄化因素引入经济增长模型中。其中，L 是参与实际经济活动的劳动力数量，a 是老龄人口在总人口中的比重，c 是少儿人口占总人口的比重，N 表示人口总量，则有效劳动平均资本量表达式为：

$$k=\frac{K}{A(1-a-c)eN} \tag{3.13}$$

其次，人口老龄化在消费领域对区域经济发展的影响主要是通过社会保障支出而影响区域经济下一轮投资。从社会保障角度考虑，有关专家对西方发达国家社会保障历史进行统计分析发现，从 20 世纪 70 年代初到 90 年代，西方发达国家 60 岁及以上人口比重每提高 1 个百分点，社会保障支出占 GDP 的比重就相应提高约 1 个百分点；65 岁及以上人口比重每提高 1 个百分点，社会保障支出水平就相应提高约 5 个百分点。①②

对于老年人口的养老、医疗等社会保障支出都是从国民收入中分割出的一部分，因此假设国民收入中用于老年人养老、医疗等社会保障的支出比例为 b（通常 $b<1$），经济总产出为 $Y(t)$，则 $Y(t)$ 中用于老年人养老、医疗等社会保障的部分为 $Y_a(t)$，由此可得：

$$Y_a(t) = bY(t) \tag{3.14}$$

因此，本书通过支出比例 b 将老龄化因素引入经济增长模型。总产出 $Y(t)$ 扣除 $Y_a(t)$ 的剩余额为 $(1-b)Y(t)$，这些将由劳动力用于消费与投资，设劳动力的储蓄率为 s。根据山东省老龄工作委员会 2008 年重大专项课题调查数据显示，74.13% 的老年人没有存款，“有，够今后养老用”的仅占 9.72%。因此，笔者假定老人的养老收入不再进行储蓄而全部用于消费，这个假定与调查情况比较吻合，则经济中的投资量为：

$$\dot{K}(t) = sY(t) - \delta K(t) = s(1-b)Y(t) - \delta K(t) \tag{3.15}$$

现在来推导引入老龄化因素的经济平衡增长路径方程。

公式（3.15）两端对时间 t 求导，得：

$$\begin{aligned}\dot{K} &= \frac{\dot{K}}{A(1-a-c)eN} \\ &\quad - \frac{K[\dot{A}(1-a-c)eN - A\dot{a}eN - A\dot{c}eN + A(1-a-c)\dot{e}N + A(1-a-c)e\dot{N}]}{A^2(1-a-c)^2e^2-N^2} \\ &= \frac{\dot{K}}{A(1-a-c)eN} - \frac{K\dot{A}}{A^2(1-a-c)eN} + \frac{K\dot{a}}{A(1-a-c)^2eN} + \frac{K\dot{c}}{A(1-a-c)^2eN} \\ &\quad - \frac{K\dot{e}}{A(1-a-c)eN} - \frac{K\dot{N}}{A(1-a-c)eN^2}\end{aligned}$$

假定 $\frac{\dot{A}}{A}=g$，$\frac{\dot{N}}{N}=n$，$\frac{\dot{e}}{e}=m$，将公式（3.3）代入公式（3.15）得：

① 阎坤：《中国养老保障制度研究》，中国社会科学出版社 2000 年版。

② 李军：《人口老龄化经济效应分析》，中国社会科学文献出版社 2005 年版。

$$\dot{K} = \frac{s(1-b)Y-\delta K}{A(1-a-c)eN} - \frac{Kg}{A(1-a-c)eN} + \frac{K\frac{\dot{a}+\dot{c}}{1-a-c}}{A(1-a-c)eN}$$

$$- \frac{Km}{A(1-a-c)eN} - \frac{Kn}{A(1-a-c)eN}$$

$$= \frac{s(1-b)Y}{A(1-a-c)eN} - (\delta+g+m+n)\frac{K}{A(1-a-c)eN}$$

$$+ \frac{K\frac{\dot{a}+\dot{c}}{1-a-c}}{A(1-a-c)eN}$$

$$\dot{k} = s(1-b)f(k) - \left[(\delta+g+m+n) - \frac{\dot{a}+\dot{c}}{1-a-c}\right]k \tag{3.16}$$

其中，s 是居民储蓄率；b 是老年人口支出占 GDP 的比重；k 是单位有效劳动的所占资本；f(k) 是单位有效劳动所占资本下的产出水平；δ 是固定资产折旧率；g 是技术进步增长率；m 是劳动参与率的增长率；n 是人口增长率；$\dot{a}$ 是老年人口占总人口的比重的变化量；$\dot{c}$ 是少儿人口占总人口的比重的变化量。

公式（3.16）就是在索洛经济增长模型中纳入老龄化因素后的经济增长模型表达式。由该式可知，经济增长处于稳态的前提条件是 $\dot{k}=0$。

最后，得到加入人口老龄化因素的区域经济发展的稳态方程，见公式(3.17)。

$$s(1-b)f(k) - \left[(\delta+g+m+n) - \frac{\dot{a}+\dot{c}}{1-a-c}\right]k = 0 \tag{3.17}$$

第五节　基于扩展的经济增长模型对人口老龄化经济效应的宏观分析

如图 3－5 所示，k_1^* 是索洛经济增长模型中没有人口老龄化影响的稳态，即产出曲线 sf(k) 和持平投资曲线 (δ+n+g)k 的交点。k_3^* 是索洛经济增长模型中加入人口老龄化因素的稳态，即产出曲线 s(1－b)f(k) 和持平投资曲线（δ+

$g+m+n)k-\frac{\dot{a}+\dot{c}}{1-a-c}k$ 的交点。至于 k_3^* 是大于还是小于 k_1^*，$f(k_3^*)$ 到底是大于还是小于 $f(k_1^*)$，这取决于人口老龄化影响下的产出曲线与持平投资曲线移动方向以及移动幅度大小的比较，同时还受政府各项政策、制度、经济内外部环境以及技术进步等多种因素的综合影响，所以综合效应还需要在不同的约束条件下进行具体分析。

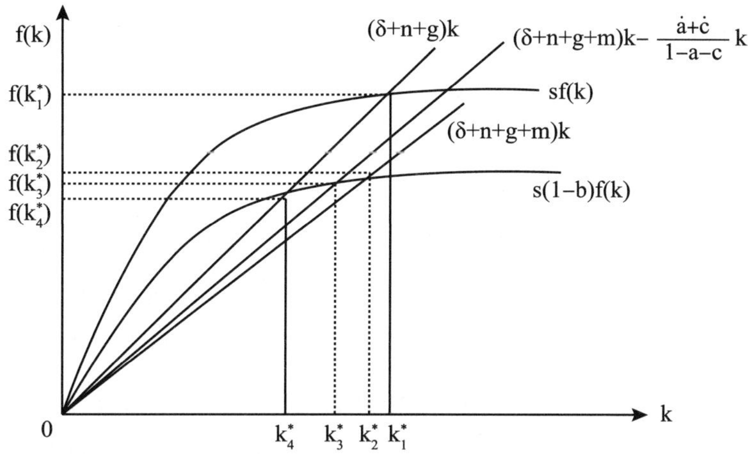

图 3－5 含有人口老龄化因素的经济增长平衡路径

通过图 3－5，可以从宏观上把握人口老龄化的区域经济效应。首先，人口老龄化程度的加深会导致产出曲线的移动进而影响区域经济产出水平。一方面，依据生命周期理论，老年人口的增多会降低社会居民的总体储蓄水平而导致 s 的减少，从而降低资本积累水平；另一方面，由于老年人口需要消耗 GDP 的一部分，这也会进一步减少积累资金。所以，人口老龄化程度的加深会导致产出曲线由 $sf(k)$ 下移到 $s(1-b)f(k)$，使稳态下的人均资本量减少到 k_4^*，经济产出水平下降到 $f(k_4^*)$，这是人口老龄化减弱区域经济产出的负效应。

其次，人口老龄化程度的加深会引起劳动参与率的变化而带来持平投资曲线的移动，从而影响区域的经济产出水平。人口老龄化减少了劳动供给，在一定程度上降低了劳动参与率。根据湖北省统计局数据计算，2000～2007 年湖北省劳动参与率平均每年变动 －0.21 个百分点。由于 $m<0$，持平投资曲线 $(\delta+n+g)k$ 下移到 $(\delta+n+g+m)k$，则持平投资曲线与产出曲线 $s(1-b)f(k)$ 的交点由

$(k_4^*, f(k_4^*))$ 移到 $(k_2^*, f(k_2^*))$，即经济产出增加了。劳动参与率的负增长在一定程度上促进了经济增长，这主要是因为技术进步和生产力的不断发展带来了劳动生产率的提高，从而推动了经济增长。因此，积极发展教育，增加人力资本存量对区域经济发展至关重要。大幅度提高公共教育投资在GDP中的比重，扩大妇女特别是落后地区女性受教育的机会等都将有力地提高劳动力人口的受教育水平从而促进生产力的发展。人口老龄化虽然导致劳动力人口不断缩减，但人力资本存量的增加在一定意义上等于增加了劳动力供给，同时老龄人口消费也具有拉动经济增长的效应。可见，人口老龄化具有推动区域经济增长的正效应。

最后，人口老龄化程度的加深会直接影响区域人口年龄结构的变化而导致持平投资曲线的移动，进而影响区域的经济产出水平。根据人口转变的四阶段论，随着区域社会经济发展水平的提高，区域人口再生产必然出现出生率和死亡率下降的客观趋势，进而导致区域人口再生产模式呈现出由原始模式向传统模式进而向现代模式转换的一般规律。区域人口再生产的四个阶段分别为高出生率、高死亡率的转变前阶段，属于传统型人口再生产类型；出生率和死亡率开始下降，后者先于前者的前期转变阶段，这一阶段主要以死亡率的转变为标志，人口再生产属于过渡型；出生率和死亡率加速下降的后期转变阶段，这一阶段主要以生育率的转变为标志，人口再生产亦属于过渡型；低出生率和死亡率阶段，人口再生产属于现代型。①

区域人口再生产处于不同的发展阶段，区域内老年人口的比重也就不同，即区域的人口老龄化程度不同，更大范围的就是区域人口年龄结构的不同。反映在扩展的经济增长模型中，就是$\frac{\dot{a}+\dot{c}}{1-a-c}$的正负和大小，它的引入会引起投资持平投资曲线的移动，从而影响区域经济产出的增减。

当$\dot{c}>0$，$\dot{a}<0$，$\dot{c}>|\dot{a}|$时，区域老年人口比重变动为负，少儿人口比重变动为正，相应的区域人口年龄结构为年轻型，人口再生产处于转变前阶段的传统型，这时$\frac{\dot{a}+\dot{c}}{1-a-c}>0$，会导致持平投资曲线下移而增加区域经济产出水平。这是因为区域老年人口比重很小，劳动适龄人口的人均资本量相对较高，而且

① 刘传江：《西方人口转变的描述与解释》，载于《国外财经》2000年第1期，第13～16页。

人力资本投资比重也相对较大，这些都有利于区域经济发展。

当$\dot{c}>0$，$\dot{a}>0$，$\dot{c}>\dot{a}$时，区域老年人口比重开始逐步上升，少儿人口比重有所下降，但其数值仍为正值且大于老年人口比重，相应的区域人口年龄结构向成年型过渡，人口再生产处于前期转变阶段的过渡型，这一阶段主要以死亡率的转变为标志，这时$\frac{\dot{a}+\dot{c}}{1-a-c}>0$，会导致持平投资曲线下移而增加区域经济产出水平。这是因为区域老年人口比重较小，区域人口发展还未进入老龄社会，此时区域内的劳动适龄人口比重较大，劳动力供给丰裕，这有利于区域经济发展。

当$\dot{c}<0$，$\dot{a}>0$，$|\dot{c}|<\dot{a}$时，区域老年人口比重持续上升，大于少儿人口比重的下降幅度，区域人口年龄结构处于成年型到老年型的过渡阶段或老龄社会的前期阶段，人口再生产处于后期转变阶段的过渡型，这一阶段主要以生育率的转变为标志，这时$\frac{\dot{a}+\dot{c}}{1-a-c}>0$，会导致持平投资曲线下移而提高区域经济产出水平。这是因为尽管区域老年人口比重上升，但区域人口老龄化程度还相对较低，劳动力供给丰裕的优势将会持续，这仍有利于区域经济发展。

当$\dot{c}<0$，$\dot{a}>0$，$|\dot{c}|>\dot{a}$时，区域老年人口比重升高的幅度小于少儿人口比重下降的幅度，区域人口年龄结构步入老年型，人口再生产进入低出生率和死亡率阶段的现代型，这时$\frac{\dot{a}+\dot{c}}{1-a-c}<0$，会导致持平投资曲线上移而减少区域经济产出水平。这是因为随着区域老年人口比重的上升，劳动适龄人口的人均资本量则趋于下降，而且人力资本投资也趋于下降，这些都不利于区域经济发展。如图3－5所示，$\frac{\dot{a}+\dot{c}}{1-a-c}<0$时，持平投资曲线$(\delta+g+m+n)k-\frac{\dot{a}+\dot{c}}{1-a-c}k$与没有人口年龄结构影响的持平投资曲线$(\delta+g+m+n)k$相比斜率变大，与产出曲线$s(1-b)f(k)$的交点就由$(k_2^*, f(k_2^*))$移到$(k_3^*, f(k_3^*))$，稳态的产出水平下降了。这说明由人口老龄化导致的人口年龄结构的老化对经济增长是不利的，同时也说明政府的计划生育政策由于降低了人口增长率n而带来人均资本的增加和经济的增长，但是也导致少儿人口比重的快速下降，会在一定程度上抑制经济增长。

可见，随着区域人口老龄化程度的加深，区域人口年龄结构由年轻型转向老年型，人口再生产类型由传统型发展到现代型，持平投资曲线将会逐步由下向上移动，从而减少了区域的经济产出。这说明不同的区域，人口老龄化程度不同，人口再生产所处的发展阶段不同，人口老龄化对区域经济发展的影响也就不尽相同。基本规律是，人口老龄化程度越高，其对区域经济发展的减速效应就越明显。综上分析，人口老龄化对区域经济发展的影响具有双向效应，即正效应和负效应。

第四章
人口老龄化对经济发展的利弊

第一节 我国人口老龄化的现状及特点

一、我国人口老龄化的现状

如今，世界各国的人口老龄化主要呈两种不同的发展现状，一种是以欧美发达国家为代表的人口老龄化平稳发展态势，另一种则是以中国、日本、韩国等亚洲国家为代表的快速发展态势。人口老龄化与人类预期寿命紧密相关，而预期寿命会随着经济发展而变化。随着改革开放和现代化的进程，我国社会经济取得了长足的发展，人民生活水平也得到普遍提高，医疗卫生条件的改善和科学技术的进步使得社会成员的预期寿命得到了大幅提高，再加上计划生育政策在我国的实施，人口老龄化在我国呈现出了快速发展的趋势。表 4 -1 反映了我国从 1982 年到 2018 年的人口年龄结构。

表 4 -1　　1982～2018 年我国人口年龄结构

年份	0～14 岁（万人）	0～14 岁（%）	15～64 岁（万人）	15～64 岁（%）	65 岁及以上（万人）	65 岁及以上（%）	总人口（万人）
1982	34 145.58	33.59	62 517.21	61.5	4 991.21	4.91	101 654
1987	31 347.24	28.68	71 984.98	65.86	5 967.78	5.4	109 300
1990	31 658.81	27.69	76 305.84	66.74	6 368.35	5.57	114 333
1991	32 094.55	27.71	76 790.65	66.3	6 937.8	5.99	115 823
1992	32 339.2	27.6	77 614.07	66.24	7 217.73	6.16	117 171
1993	32 177.37	27.15	79 050.84	66.7	7 288.8	6.15	118 517
1994	32 359.5	27	79 868.04	66.64	7 622.46	6.36	119 850
1995	32 218	26.6	81 393.31	67.2	7 509.5	6.2	121 121

续表

年份	0～14岁（万人）	0～14岁（%）	15～64岁（万人）	15～64岁（%）	65岁及以上（万人）	65岁及以上（%）	总人口（万人）
1996	32 311	26.39	82 245.41	67.2	7 833	6.41	122 389
1997	32 093.31	25.96	83 447.55	67.5	8 085.14	6.54	123 626
1998	32 064	25.7	84 338	67.6	8 359	6.7	124 761
1999	31 949.64	25.4	85 157.12	67.7	8 679	6.9	125 786
2000	29 012	22.89	88 910	70.1	8 821	6.96	126 743
2001	28 716.08	22.5	89 849.41	70.4	9 062	7.1	127 627
2002	28 774	22.4	90 302	70.3	9 377	7.3	128 453
2003	28 559	22.1	90 976	70.4	9 692	7.5	129 227
2004	27 947	21.5	92 184	70.9	9 857	7.6	129 988
2005	26 504	20.3	94 197	72	10 055	7.7	130 756
2006	25 961	19.8	95 068	72.3	10 419	7.9	131 447.64
2007	25 660	19.4	95 833	72.5	10 636	8.1	132 129
2008	25 166	19	96 680	72.7	10 956	8.3	132 802
2009	24 659	18.5	97 484	73	11 307	8.5	133 450
2010	22 259.11	16.6	99 938.02	74.53	11 893.87	8.87	134 091
2011	22 164	16.5	100 283	74.4	12 288	9.1	134 735
2012	22 287	16.5	100 403	74.1	12 714	9.4	135 404
2013	22 329	16.4	100 582	73.9	13 161	9.7	136 072
2014	22 558	16.5	100 469	73.4	13 755	10.1	136 782
2015	22 715	16.52	100 361	73.01	14 386	10.47	137 462
2016	23 008	16.7	100 260	72.5	15 003	10.8	138 271
2017	23 348	16.8	99 829	71.8	15 831	11.4	139 008
2018	23 523	16.86	99 357	71.2	16 658	11.9	139 538

资料来源：国家统计局：《中国统计年鉴》（2018），中国统计出版社2018年版。

从表4－1可以看出，2001年，我国65岁及以上老人的比例就达到了7%，符合国际老龄化的标准。从1982年到2018年，我国人口增加了37.3%，而65岁及以上的老年人口则增加到了原来的3.34倍，老年人口的增长速度大大超过了我国人口的增长速度。数据进一步表明，人口老龄化在我国发展迅速，已经成为了不容忽视的社会问题。

二、我国人口老龄化的特征

在我国，人口老龄化呈现出快速发展的态势，发展过程中，主要呈现出以下特征：

（1）我国人口老龄化发展时间短、速度快、绝对数量庞大。相对于欧美发达国家，我国进入老年社会的时间较短，在1999年10月左右才完成了成年型社会向老年型社会的转化。然而，虽然我国老年社会起步晚，发展却极为迅速。

此外，由于我国的人口基数大，因此老年人口在我国的绝对数极为庞大。从表4－1可以看出，2010年，我国65岁及以上老年人口数达到了近1.20亿，而根据国家统计局公布的信息，2010年墨西哥全国的人口也才达到了1.13亿，英国只有0.62亿，几乎是我国65岁及以上老年人口数量的一半。庞大的老年人口带来的人口结构、经济结构、社会结构的变化对社会保障制度的冲击是非常巨大的，我国的社会保障制度为应对这些变化将不得不进行改革。

（2）我国人口老龄化呈现出“未富先老”的特征。从世界范围来看，人口老龄化是社会经济发展到一定阶段的产物。从发达国家的历史可以看出，这些国家大多数遵循的是“先富后老”的规律，即往往是在经济高度发展的背景下开始出现老龄化的，因此，应对人口老龄化带来的冲击，它们已经具备了较强的物质和精神基础。然而，我国现在仍然是发展中国家，2018年我国的人均国民收入在世界213个国家中居于第72位，缺乏应对人口老龄化足够的经济基础，在这种“未富先老”的社会状态下，人口老龄化对社会保障制度的经济冲击和强大影响是可以想象的。

（3）我国人口老龄化分布不均衡。这种不均衡首先体现在地域上。表4－2反映了2017年我国部分省市老龄化分布状况（抽样调查）。

表4－2　　2017年我国部分省市年龄结构和老龄化状况（抽样调查）

地区	人口数（人）	0～14岁（人）	15～64岁（人）	65岁及以上（人）	总抚养比（%）	少年儿童抚养比（%）	老年人口抚养比（%）
全国	1 145 246	192 353	822 465	130 428	39.25	23.39	15.86
北京	17 801	1 942	13 633	2 225	30.57	14.25	16.32

续表

地区	人口数（人）	0～14岁（人）	15～64岁（人）	65岁及以上（人）	总抚养比（%）	少年儿童抚养比（%）	老年人口抚养比（%）
天津	12 778	1 443	9 893	1 442	29. 16	14. 59	14. 57
河北	62 086	11 152	43 608	7 326	42. 37	25. 57	16. 80
山西	30 550	4 767	23 037	2 746	32. 61	20. 69	11. 92
内蒙古	20 849	2 824	15 765	2 260	32. 25	17. 91	14. 33
辽宁	35 969	3 650	27 257	5 063	31. 96	13. 39	18. 57
吉林	22 424	2 790	16 900	2 735	32. 69	16. 51	16. 18
黑龙江	31 251	3 108	24 350	3 793	28. 34	12. 76	15. 58
上海	19 826	1 972	15 026	2 827	31. 94	13. 12	18. 82
江苏	66 100	8 889	48 002	9 210	37. 70	18. 52	19. 19
浙江	46 573	5 669	35 092	5 812	32. 72	16. 15	16. 56
安徽	51 658	9 867	35 079	6 713	47. 26	28. 13	19. 14
福建	32 221	5 956	23 196	3 069	38. 91	25. 67	13. 23
江西	38 163	8 245	26 196	3 723	45. 69	31. 47	14. 21
山东	82 502	14 588	57 242	10 672	44. 13	25. 49	18. 64
河南	79 005	16 476	53 962	8 567	46. 41	30. 53	15. 88
湖北	48 684	7 701	35 028	5 955	38. 99	21. 99	17. 00
湖南	56 647	10 427	39 325	6 895	44. 05	26. 51	17. 53
广东	91 922	15 472	69 329	7 121	32. 59	22. 32	10. 27
广西	40 385	8 989	27 461	3 936	47. 06	32. 73	14. 33
海南	7 640	1 514	5 500	626	38. 90	27. 52	11. 38
重庆	25 337	4 154	17 566	3 618	44. 24	23. 65	20. 60
四川	68 609	10 860	48 192	9 557	42. 37	22. 53	19. 83
贵州	29 612	6 305	20 362	2 946	45. 43	30. 97	14. 47
云南	39 709	7 518	28 855	3 336	37. 62	26. 06	11. 56
西藏	2 797	671	1 965	162	42. 36	34. 14	8. 22
陕西	31 649	4 948	23 190	3 512	36. 48	21. 34	15. 14
甘肃	21 720	3 811	15 666	2 243	38. 65	24. 33	14. 32
青海	4 939	990	3 559	390	37. 76	27. 80	10. 96
宁夏	5 627	1 034	4 117	476	36. 67	25. 11	11. 56
新疆	20 210	4 624	14 114	1 472	43. 19	32. 76	10. 43

资料来源：国家统计局：《中国统计年鉴》（2018），中国统计出版社2018年版。

从表4－2可以看出，我国人口老龄化地域发展不均衡，呈现出由东向西递减的趋势，东部沿海地区人口老龄化程度明显高于西部地区，这与各地区经济发展不均衡是密切相关的，影响着我国应对人口老龄化的战略布局。

人口老龄化分布不均衡的另一个体现是城乡分布不均衡。因为人口老龄化往往是伴随着城市化发展起来的，因此，在国际上城市化越高的地区往往人口老龄化现象越严重，而在我国却正好相反。表4－3反映了我国城乡人口老龄化的分布情况。

表4－3　　我国部分省市城乡老年人口占总老年人口的比例

地区	60岁及以上人口（人）	60岁及以上人口（城市）（人）		60岁及以上人口（镇）（人）		60岁及以上人口（乡村）（人）	
	合计	合计	比例	合计	比例	合计	比例
全国	17 658 702	4 510 405	0. 2554211	3 060 339	0. 1733049	10 087 958	0. 571274
北京	250 084	195 284	0. 7808736	14 644	0. 0585563	40 156	0. 16057
河北	928 642	170 407	0. 1835013	194 722	0. 2096847	563 513	0. 606814
山西	414 649	93 621	0. 2257837	70 498	0. 1700185	250 530	0. 6041978
内蒙古	275 828	82 457	0. 2989435	54 620	0. 198022	138 751	0. 5030345
福建	420 377	105 880	0. 2518692	86 461	0. 2056749	228 036	0. 5424559
江西	504 043	82 133	0. 1629484	114 483	0. 2271294	307 427	0. 6099222
山东	1 400 109	322 377	0. 2302514	251 041	0. 179301	826 691	0. 5904476
河南	1 196 924	193 350	0. 1615391	193 988	0. 1620721	809 586	0. 6763888
湖北	779 566	203 710	0. 2613121	116 934	0. 1499988	458 922	0. 5886891
湖南	939 818	142 925	0. 1520773	193 456	0. 2058441	603 437	0. 6420786
广东	957 360	362 901	0. 3790643	155 583	0. 1625125	438 876	0. 4584232
海南	93 525	18 891	0. 2019888	20 224	0. 2162416	54 410	0. 5817696
重庆	488 115	109 443	0. 2242156	89 827	0. 1840284	288 845	0. 591756
四川	1 412 294	210 964	0. 1493768	221 890	0. 1571132	979 440	0. 69351
贵州	446 686	56 574	0. 1266527	61 039	0. 1366486	329 073	0. 7366987
云南	514 563	69 005	0. 1341041	97 368	0. 1892246	348 190	0. 6766713
西藏	20 828	1 517	0. 0728346	1 893	0. 0908873	17 418	0. 8362781
陕西	487 378	103 337	0. 2120264	81 850	0. 1679395	302 191	0. 6200341
甘肃	338 325	60 903	0. 1800133	38 532	0. 1138905	238 890	0. 7060962
宁夏	61 207	20 288	0. 3314654	7 758	0. 1267502	33 161	0. 5417844
新疆	201 515	65 421	0. 3246458	30 678	0. 1522368	105 416	0. 5231174

资料来源：第六次全国人口普查数据。

从表4-3可以看出，我国大部分省市半数以上老年人口分布于乡村，最高的省份贵州甚至达到了约0.74，这与我国农村青壮年大规模向城市流动的现象密不可分。这导致我国农村的人口老龄化问题愈发严重，对农村的社会保障制度提出了挑战。

进一步的图形分析如图4-1~图4-4所示。

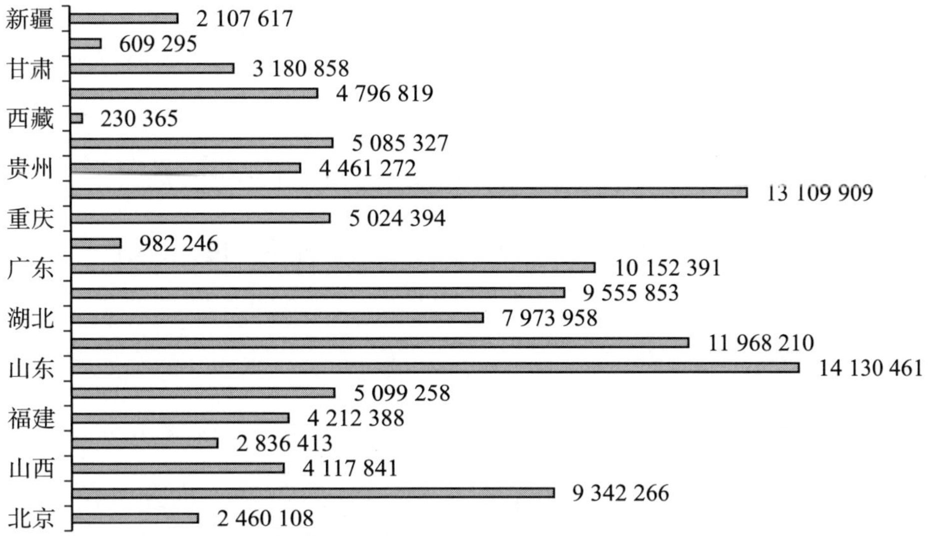

图4-1 我国部分省市60岁及以上人口分布（人）

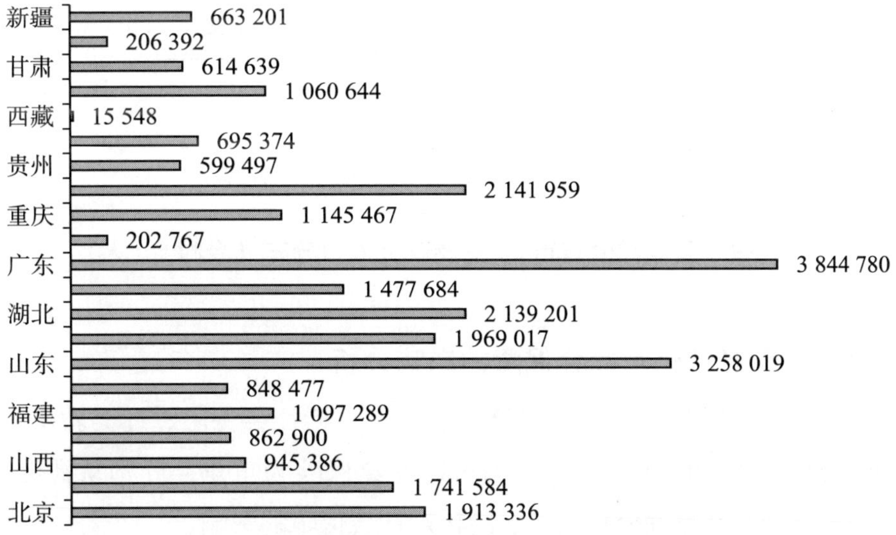

图4-2 我国部分省市60岁及以上人口分布（城市）（人）

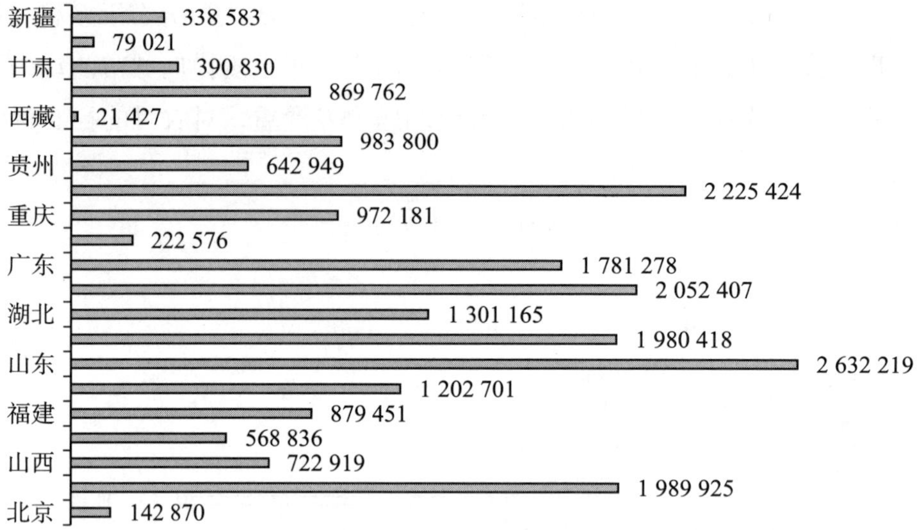

图 4－3　我国部分省市 60 岁及以上人口分布（镇）（人）

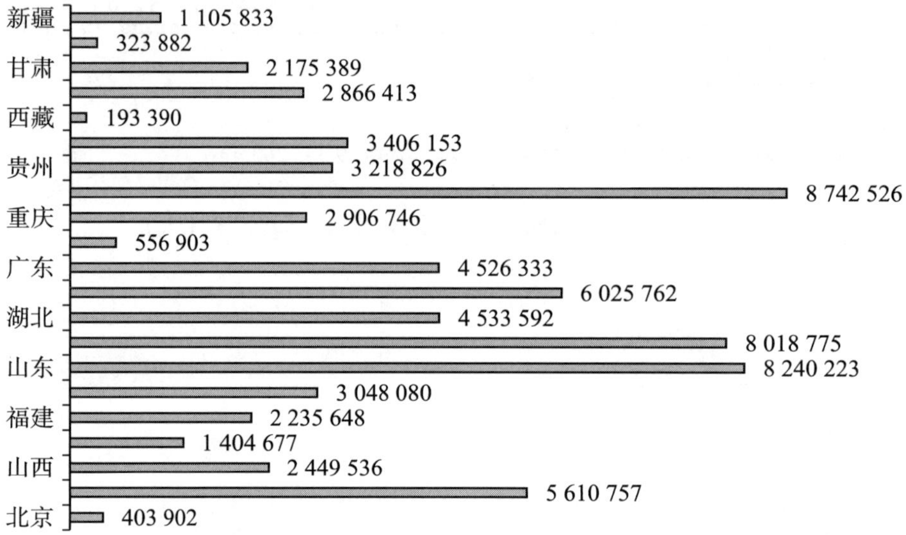

图 4－4　我国部分省市 60 岁及以上人口分布（乡村）（人）

（一）我国人口老龄化对社会保障的影响分析

我国的社会保障制度以社会保险为核心，包括社会保险、社会救济、社会福利和社会优抚安置四个方面。本书拟以社会保险为重点，分别从社会保险、社会救济、社会福利方面分析人口老龄化对社会保障的影响。

1. 老龄化对社会保险制度的影响

(1) 人口老龄化加重了社会的赡养负担。

人口老龄化带来的最直接影响就是老年人口抚养比的增加，2000 年我国的老年人口抚养比是 9.9%，而 2011 年这个数字已经达到了 12.3%。老年人口抚养比的增加导致每个社会劳动力的社会保障责任增加。而“未富先老”决定了我国的社会承受能力尚未做好准备。在我国以现收现付制为主的养老保险制度下，人口老龄化的扩大带来的是每个社会成员必须支付更高昂的社会保险费以维持老年人口的社会保障，而这使得代际间的供给矛盾出现，影响了社会更好的生产发展。

(2) 加重社会保险面临的财政压力。

人口老龄化程度的逐步加深，带来的是老年人口对社会保险特别是基本养老保险和基本医疗保险需求的增加，使得社会保险支出逐年递增。以 1995 ~ 2011 年的社会保险支出为被解释变量 Y（亿元），65 岁及以上老年人口比例为解释变量 X，进行一元回归分析，可得一元回归方程如下：

$$Y = 5\,682.55X - 36\,850.18$$

$$t \quad (12.70) \quad (-10.89)$$

$$p \quad (0) \qquad (0)$$

$$R - Sq = 91.5\% \quad R - Sq(\text{调整}) = 90.9\% \quad F = 161.18(p = 0)$$

该方程的拟合优度达到 90.9%，结果显著。从方程中我们可以看出，社会保险基金支出同人口老龄化呈显著正相关，老龄化率每上升 1，社会保险支出就要增加 5 682.55 亿元。

社会保险支出负担的增加和财政压力导致企业和社会成员的社会保障负担加重。我国的社会保险资金主要源于用人单位和劳动者个人的缴费，政府给予一定资助。随着人口老龄化带来的社会保险基金财政压力的增大，企业和劳动者要支付更高额的社会保障费用，这对企业和劳动者个人的生产发展都带来了阻碍。此外，社会保险基金支出的增加也对我国以现收现付制为主的养老保险模式提出了挑战，逐渐扩大的退休人员规模要求大量的养老保险金供给，这使得代际的供给矛盾出现，而养老保险金也常常出现入不敷出的情况。我国的养老保险模式一直试图向个人账户模式转型，然而在保险基金财政困难的情况下，这种转型面临的困境不言而喻。社会保险基金的财政困难一方面造成了代际之间的供需矛盾，另一方面也对我国社会保险的发展造成了极大的限制。

（3）人口老龄化对社会基本养老保险和医疗保险提出了更高的要求。

随着老年人口的快速增加，老年人对养老、医疗、护理的需求逐渐体现出来，相比社会其他年龄层，老年人口收入低、患病率高，对制度帮扶的依赖度更高，这给社会带来了一系列问题，影响社会保险制度的改革方向。

我国的基本养老保险主要覆盖在城镇地区，但覆盖面一直不广，参保水平较低。从表 4－4 可以看出，截至 2018 年，参加城镇基本养老保险的人员比例也只达到了 50. 40%，仅仅半数。而在老龄化形势更为严峻的农村地区，则只有农村基本养老保险的改革试点，2011 年，全国试点参保人数有 3. 26 亿，占农村总人口的 49. 7%，未达到半数。

表 4－4　　2000～2018 年我国参加城镇职工基本养老保险人数和比例

年份	城镇职工基本养老保险参保人数（万人）	城镇常住人口数（万人）	比例（%）
2000	13 617. 4	45 906	29. 66
2001	14 182. 52	48 064	29. 51
2002	14 736. 6	50 212	29. 35
2003	15 506. 7	52 376	29. 61
2004	16 352. 93	54 283	30. 13
2005	17 487. 9	56 212	31. 11
2006	18 766. 3	58 288	32. 20
2007	20 136. 91	60 633	33. 21
2008	21 891. 1	62 403	35. 08
2009	23 549. 89	64 512	36. 50
2010	25 707. 3	66 978	38. 38
2011	28 391. 27	69 079	41. 10
2012	30 426. 8	71 182	42. 75
2013	32 218. 38	73 111	44. 07
2014	34 124. 38	74 916	45. 55
2015	35 361. 17	77 116. 18	45. 85

续表

年份	城镇职工基本养老保险参保人数（万人）	城镇常住人口数（万人）	比例（%）
2016	37 929.71	79 298.42	47.83
2017	40 293.3	81 347	49.53
2018	41 901.63	83 137	50.40

资料来源：国家统计局：《中国统计年鉴》（2018），中国统计出版社 2018 年版。

随着老龄化率的不断增加，可以预见社会成员对基本养老和医疗的需求也会不断增长，而我国现在较低的基本养老和医疗覆盖率将难以达到老年人口的要求，社会保障制度保障社会成员基本生活权利的功能也岌岌可危。因此，人口老龄化引导我国社会保障制度向更广泛的养老和医疗保障制度改革，同时，因为我国人口老龄化呈现出不均衡的特点，这种改革应当更多地向农村地区倾斜。

2. 人口老龄化对社会救济制度的影响

老年人口的增加，导致社会对社会救济的需求增加，影响社会救济制度的改善。

社会救济是指国家和社会为保证每个公民享有基本生活权利，而对贫困者提供物质帮助的制度。主要包括自然灾害救济、失业救济、孤寡病残救济和城乡困难户救济等。老年人相对于成年人更容易患病，忍受孤寡病残，因此对社会救济有着更大的需求，表 4－5 反映了我国 60 岁及以上老人的患病情况和对社会救济的需求情况。

表 4－5　　我国老年人患病及以社会救济为主要生活来源的比例

主要生活来源	45 岁及以上人口	60 岁及以上人口	60 岁及以上人口不健康，但生活能自理		60 岁及以上人口生活不能自理	
	合计	合计	小计	比例	小计	比例
总计	43 488 724 人	17 658 702 人	2 455 267 人	13.90401%	520 221 人	2.94598%
最低生活保障金（元）	990 161	687 524	241 525		51 376	
比例（%）	2.27682	3.8934	9.83702		9.8758	

资料来源：第六次全国人口普查数据。

从表 4 –5 可以看出，我国 60 岁以上的老年人以社会救济为主要生活来源的占比为 3.9%，而根据第六次全国人口普查结果，加上 45 岁及以上的成年人后这个比例就缩减为 2.3%，可见老年人对社会救济的依存度更高。老年人一旦患病这个数据就激增到接近 10%，而老年人患病的比例高达 17% 左右，可见老年人相比成年人更需要社会救助和经济扶持，从而老龄化对社会救济制度提出了新的要求。

3. 人口老龄化对社会福利制度的影响

人口老龄化增加了社会对老年人护理照料及养老设施建设的需求。

从表 4 –5 可以看出我国 60 岁及以上人口不能自理的比例约为 2.9%，而这不得不引起社会保障制度对提供养老和护理照料福利的思考。

基于历史和文化传统，我国养老方式多以家庭养老为主，老年人赡养需要依靠成年人完成，特别是不能自理的老人更是如此。这一方面加重了成年人的负担，使得他们不能正常投入工作生产中，另一方面也造成了老人养老的不稳定性，使得侵犯老人权利的情况时有发生。解决这种矛盾的一个方法就是由社会提供老人的护理和照料，然而我国在该方面存在明显的不足，如表 4 –6 所示，截至可获取数据的年度，我国养老服务机构数量较少，特别是最近广受关注的社区养老服务机构只有 44 所。

表 4 –6　　　　我国社会服务机构情况

指标	单位数（个）	
	2010	2011
老年人与残疾人服务机构	39 904	40 868
城市养老服务机构	5 413	5 616
农村养老服务机构	31 472	32 140
社区养老服务机构	—	44
老龄机构	2 465	2 503

资料来源：国家统计局：《中国统计年鉴》(2012)，中国统计出版社 2012 年版。

社会对由政府提供老年人护理、照料福利的需求越来越强烈，而社会保障制度却难以与之匹配，人口老龄化影响社会福利制度向为老年人提供更好的养老护理福利改革。

（二）基于人口老龄化对我国社会保障制度提出的建议

从以上分析中我们可以看出，人口老龄化对我国的社会保障制度产生了重要影响，这种影响不仅限于社会保障制度自身，同时也影响了我国经济社会发展的大局。基于人口老龄化对我国社会经济的重要影响，本书对我国的社会保障制度提出如下建议：

（1）在社会保险制度方面，政府应当扩大基本养老保险和医疗保险的覆盖范围，努力开辟筹集社会保障基金的新渠道，并可通过适当改革退休制度来缓解社会赡养压力。

从分析中可以看出，我国人口老龄化对养老和医疗提出了更高的要求，然而我国的基本养老保险和医疗保险覆盖范围狭小，难以满足社会需要，因此，要更好地应对人口老龄化，政府应当积极采取措施扩大这两种基本保险的覆盖范围。针对社会保险资金的财政压力，政府可以通过证券投资、引导民营资本注资等方式缓解财政压力，将我国的现收现付制稳步向个人账户制改革。政府亦可以通过推迟退休年龄、鼓励低龄老年人再就业的方式减轻社会的赡养负担。

（2）在社会救济和社会福利制度方面，政府应当为生活困难的老年人提供足够的生活资料，并加强老年服务设施建设，开设养老院、福利院，为老人提供养老和护理服务。基于中国人家庭养老的传统观念，政府可以加强社会养老建设，让老人在家中享受社会福利。

（3）针对我国农村地区人口老龄化程度更高但保障不足的问题，政府的社会保障制度应更多地向这些地区倾斜。一方面，政府应当扩大我国农村的养老试点，在农村开展更多的养老设施建设。另一方面，政府应当重视农村的经济发展，只有物质基础跟上了才能更好地应对人口老龄化带来的挑战，为社会成员提供更好的社会保障。针对东西部地区人口老龄化发展不均衡的问题，政府应当在关注西部欠发达地区经济发展的同时，对其人口老龄化问题更为重视。

三、聚类分析结果

常用的聚类方法有：系统聚类法、动态聚类法（逐步聚类法）、有序样本聚类法以及模糊聚类法、图论聚类法等。在这里本书采用的是系统聚类法，选取第六次全国人口普查我国21个地区城市、镇、乡村60岁及以上人口数据三个指标，运用SPSS软件对数据进行分析。

在做聚类分析时为了使参与聚类的标量方差统一，防止方差大的变量在聚类中起到的作用大于方差小的变量，一般对变量进行标准化，这里亦在聚类中将变量标准化，对变量的Z得分进行聚类。得出聚类树状图如图4-5所示。

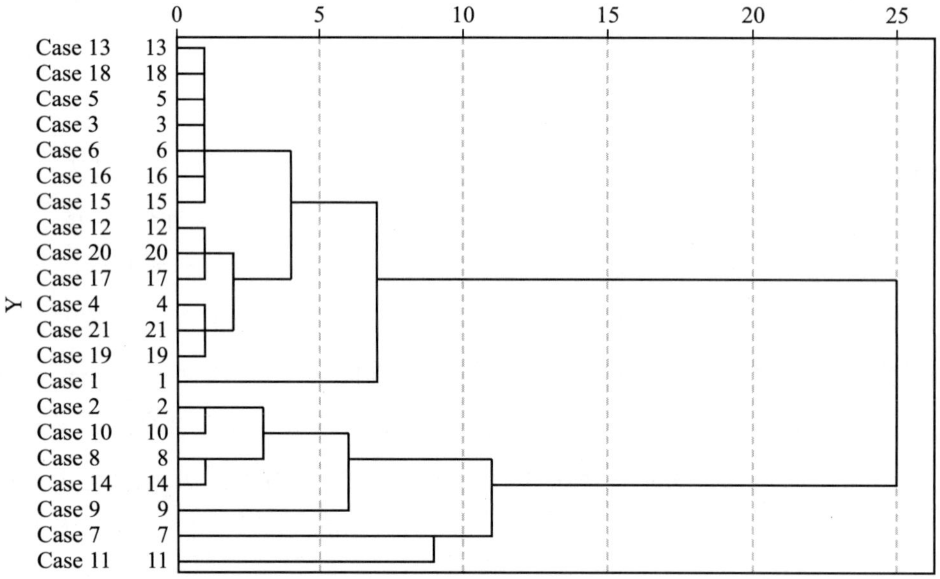

图4-5 21个省市使用平均联接（组间）的聚类树状图

由聚类树状图，我们可以将21个省市分为五类。

第一类是北京；第二类包括河北、河南、湖南、湖北、四川；第三类包括13个省市地区：山西、内蒙古、福建、江西、海南、重庆、贵州、云南、西藏、陕西、甘肃、宁夏、新疆；第四类是山东；第五类是广东。

为了检验这种分组是否具有统计意义上的差异性，我们分别对三个指标进行方差分析，结果见表4-7。

表4-7 方差分析结果

指标		平方和	df	均方	F	显著性
Zscore（城）	组间	18.025	4	4.506	36.510	0.000
	组内	1.975	16	0.123		
	总数	20.000	20			

续表

指标		平方和	df	均方	F	显著性
Zscore（镇）	组间	16.452	4	4.113	18.545	0.000
	组内	3.548	16	0.222		
	总数	20.000	20			
Zscore（乡）	组间	15.958	4	3.990	15.793	0.000
	组内	4.042	16	0.253		
	总数	20.000	20			

从表中可以看出，三个指标的P值均为0，所以可以拒绝原假设，认为这三个类别具有显著的差异性。

我们分别求取三个组别的指标平均值来进一步分析，结果见表4-8。

表4-8　　我国21个省市聚类结果

Average Linkage（Between Groups）		城	镇	乡
1	均值	1 913 336.0000	142 870.0000	403 902.0000
	N	1	1	1
	标准差	—	—	—
2	均值	1 893 889.0000	1 909 867.8000	6 586 282.4000
	N	5	5	5
	标准差	284 510.25187	354 188.76451	1 745 049.59204
3	均值	689 044.6923	607 310.4615	1 991 652.0000
	N	13	13	13
	标准差	361 905.41361	373 928.44821	1 144 963.12855
4	均值	3 258 019.0000	2 632 219.0000	8 240 223.0000
	N	1	1	1
	标准差	—	—	—
5	均值	3 844 780.0000	1 781 278.0000	4 526 333.0000
	N	1	1	1
	标准差	—	—	—
总计	均值	1 306 817.1905	1 047 654.3810	3 428 254.5714
	N	21	21	21
	标准差	979 704.62860	783 745.74430	2 627 879.87863

从表中可以看出，五个类别具有显著的特征差异。

第一类北京的基本特征是城市人口老龄化情况严重；第二类和第四类以中东部地区为主，基本特征是老年人口多，乡村人口老龄化情况严重；第三类省市大部分集中在西部地区，基本特征是老年人口较少，乡村人口老龄化较严重；第五类是广东，基本特征是城乡人口老龄化程度较平均。

从以上聚类分析中我们可以看出我国人口老龄化分布极不均衡，体现在地区和城乡之间。

从地区上来看，人口老龄化呈现出由东向西递减的趋势，东部沿海地区的老年人口高于西部地区。从城乡上看，我国城乡分布总体不均衡，乡村老年人口较多，但在经济发达的地区，城乡间却趋于均衡，在我国呈现出经济越不发达，乡村人口老龄化越严重的趋势，这应当与我国农村经济较落后导致的农村青壮年人口向城市大规模流动有密切的关系。

人口老龄化的不均衡决定了我国未来老年政策的倾斜方向，政府应更多地向农村及老年人口多的地区倾斜，为他们提供更多的社会保障。

人口老龄化起步晚、速度快、绝对数量庞大的特征决定了我国社会保障制度缺乏应对人口老龄化的经验，面对人口老龄化带来的新的要求难以迅速达到，影响着社会保障制度改革的方向；“未富先老”的特征决定了我国社会保障制度因此承担较重的负担；而分布的不均衡影响了我国社会保障制度未来的倾斜方向。

第二节　湖北省人口老龄化的现状及特征

一、湖北省人口老龄化的现状

湖北省作为中部省份，虽然人口老龄化程度不及东部的江浙、上海，南部的广东，北部的北京、天津等地区，但在经济发展水平相对落后、农村剩余劳动力输出规模不断扩大等因素的共同作用下，人口老龄化将会对湖北省经济结构带来重大影响。分析人口老龄化对湖北省经济产生的利弊作用，对促进并保证湖北省经济健康持续的发展，减少人口老龄化对其经济结构产生的不利冲击具有较大的现实意义和实践价值；另外，对湖北省如何利用人口老龄化积极发展经济、化挑战为机遇也有一定的参考和借鉴。

1998 年，湖北省 60 岁以上老年人口达 600 万人，占全省总人口的 10. 06%；65 岁以上老年人口达 425. 25 万人，占全省总人口的 7. 13%，标志着该省已先于我国整体水平进入人口老龄化状态（我国 65 岁以上老年人口在 2000 年占比为 6. 9%）。截至 2010 年，全省 60 岁以上老年人口 794. 4 万，占全省总人口的 13. 9%；65 岁以上老年人口 520. 41 万，占全省总人口的 9. 09%。数据显示，湖北省的人口老龄化问题日益突出，老年人口不仅占总人口的比重不断增加，而且绝对数量也在快速增长（见表 4 –9、图 4 –6）。

表 4 –9　　湖北省 65 岁以上老年人口数量及占总人口比例

年份	人口数（万人）	比例（%）	全国比例（%）
1998	425. 25	7. 13	6. 55
1999	410. 25	7. 15	6. 9
2000	375. 13	6. 31	6. 96
2001	390. 77	6. 54	7. 1
2002	405. 99	6. 78	7. 3
2003	439. 95	7. 33	7. 5
2004	433. 75	7. 21	7. 6
2005	427. 68	7. 49	7. 7
2006	462. 27	8. 12	7. 9
2007	450. 79	7. 91	8. 1
2008	470. 59	8. 24	8. 3
2009	501. 12	8. 01	8. 5
2010	520. 41	9. 09	8. 87

资料来源：湖北省统计局：《湖北统计年鉴》（1999 ~2010），中国统计出版社 1999 ~2010 年版。

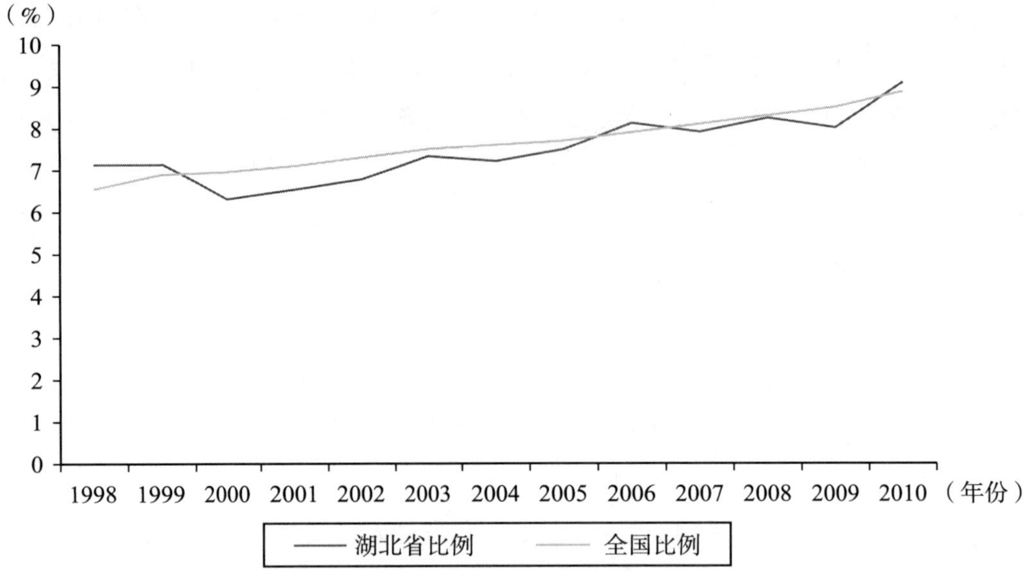

图4-6 老年人口比例对比

对比2000年第五次湖北省人口普查资料和2010年第六次湖北省人口普查资料可以发现：随着湖北省人口出生率、自然增长率的下降（2010年分别为9.48‰、3.48‰），育龄妇女总和生育率低于更替水平，人口再生产类型由“高出生、低死亡、高增长”转变为“低出生、低死亡、低增长”，人口老龄化趋势显现并呈现加速的趋势。第五次人口普查时湖北省总人口为5 949.81万，其中0～14岁的人口为1 360.74万，占22.87%；15～64岁的人口为4 213.94万，占70.82%；65岁及以上的人口为375.13万，占6.31%。2010年第六次人口普查湖北省直接登记人口为5 723.77万，同2000年第五次湖北省人口普查相比，十年来湖北省人口增长处于低生育水平阶段。其中0～14岁的人口为796.35万，占总人口的13.91%，下降了8.96个百分点；15～64岁的人口为4 407.01万，占总人口的77.00%，上升了6.18个百分点；65岁及以上的人口为520.41万，占总人口的9.09%，上升了2.78个百分点。截至2017年底，全省常住人口达到5 902万，其中60岁及以上人口为1 107.85万，占总人口的18.77%，高出全国平均水平1.47个百分点；65岁及以上人口715.64万，占总人口的12.12%，高出全国平均水平0.72个百分点（见表4-10）。

表 4－10 湖北省 2000 年第五次人口普查和 2010 年第六次人口普查数据对比

年龄组	2000 年		2010 年	
	人口数（万人）	比例（%）	人口数（万人）	比例（%）
总计	5 949.81	—	5 723.77	—
0～14 岁	1 360.74	22.87	796.35	13.91
15～64 岁	4 213.94	70.82	4 407.01	77.00
65 岁及以上	375.13	6.31	520.41	9.09

资料来源：湖北省 2000 年第五次人口普查数据和 2010 年第六次人口普查数据。

二、湖北省人口老龄化的特征

（1）老龄化速度较快。新中国成立后的第一次人口普查（1953 年）资料显示，湖北省 65 岁及以上老年人口为 110.31 万，占总人口的比重为 3.97%；1964 年第二次人口普查时，全省 65 岁及以上老年人口增加到 116.87 万，占总人口比重为 3.47%；1982 年第三次人口普查时，全省 65 岁及以上老年人口增加到 197.45 万，占总人口比重为 4.13%；1990 年第四次人口普查时期，湖北省该年龄段人口为 296.77 万，占总人口的 5.50%；2000 年第五次人口普查时，该年龄段人口为 375.13 万，占总人口比重为 6.31%；2010 年，第六次人口普查资料显示，湖北省该年龄段人口增加到 520.41 万，占比 9.09%，十年增加了 145.28 万人，增长 2.78%。并且，我们可以看到，前五次人口普查湖北省的人口都是呈上升趋势，而 2010 年的第六次人口普查得到的数据显示，近十年来，湖北省的总人口呈现下降趋势，但是老年人口的绝对数却在增加，以致老年人口的比重迅速上升（见表 4－11）。

表 4－11 湖北省历次人口普查总人口数及老年人口构成状况

年份	总人口（万人）	65 岁及以上人口（万人）	比例（%）
1953	2 779	110.31	3.97
1964	3 371	116.87	3.47
1982	4 780.81	197.45	4.13
1990	5 396.92	296.77	5.50

续表

年份	总人口（万人）	65岁及以上人口（万人）	比例（%）
2000	5 949.81	375.13	6.31
2010	5 723.77	520.41	9.09

资料来源：湖北省历次人口普查结果。

（2）人口老龄化存在着显著的城乡与地区差异。湖北省第六次人口普查资料显示：湖北省乡村老龄化程度高于市、镇。2010年市、镇65岁及以上人口比重分别为8.47%、8.28%，低于全省平均9.09%的水平；全省乡村65岁以上老年人口比重则达到9.61%，高于全省平均水平0.52个百分点，高于城市1.14个百分点，高于镇1.33个百分点，农村人口老龄化问题突出。此外，省内不同地区之间老龄化程度也存在着较大差距。从全省范围来看，65岁以上人口比重最高的是宜昌地区，为9.52%，最低的黄石地区，为6.24%，两者差距达3.28个百分点；从省内城市来看，差距同样明显：最高的武汉市65岁及以上人口比重为9.89%，比最低的咸宁市高出2.94个百分点；从镇看，最高的荆州为9.13%，最低的黄石为6.16%，两者相差2.97个百分点；从乡村来看，宜昌地区65岁及以上人口比重最高，达10.92%，黄石地区最低，为6.23%，两者相差高达4.69个百分点。[①]

（3）属于"未富先老"。"银色浪潮"的到来，对湖北省经济社会发展产生了深刻影响。考察发达国家人口年龄结构变化的历史会发现：发达国家是在经济高度发展的背景下进入老龄社会的，属于"先富后老"。在人口老龄化来临时，这些国家已经具备了较强的物质基础和社会承受力。然而，湖北省与我国多数地区相似，人口老龄化主要是计划生育政策实施后，人口生育率在较短时间内大幅度下降造成的，是在经济实力不足、社会承受力较弱的条件下出现的，属于"未富先老"。

第三节　人口老龄化对需求结构的影响

人口老龄化会对经济社会的需求产生重要影响，不仅影响一个地区的需求

① 湖北省2010年第六次人口普查数据。

总量，也会影响一个地区的需求结构。消费、投资、净出口是拉动经济增长的三驾马车，以下将分别分析人口老龄化对消费、投资、净出口带来的影响。

一、人口老龄化对消费的影响

人是消费活动的主体，一个国家或地区的消费水平不仅受人口总量的影响，还受人口内部结构的制约。不同年龄的人口，在消费倾向、消费习惯、消费心理方面会有很大不同。老年人口作为社会中一个特殊的消费群体，其在总人口中的比重不断上升必然导致整个社会的消费结构产生变化。老年人是纯消费群体，随着越来越多的大龄劳动力退出劳动大军的队伍，从生产领域转向消费领域，会使得消费总需求增加。更重要的是，人口老龄化会使老年消费品的需求不断提高，其他年龄层的消费能力降低，老年人所需的服装、鞋袜、食品、保健品、医疗器械等消费量的增多将成为拉动社会总需求的主要动力，而其他年龄层的消费水平将受到抑制。

随着国家经济的快速发展并受国家鼓励消费政策的影响，湖北省人民消费水平逐年提高，居民消费总量和人均消费额有了很大程度的增长，1999～2017年，人均消费额年均增长27.8%，成为拉动湖北经济发展的重要驱动力。然而，从表4－12中的数据可以看出，湖北省同全国的情况一样，居民消费占GDP的比重平均维持在40%左右，远远低于西方发达国家的70%～80%（见图4－7）。在消费、投资、出口三大需求中，消费对GDP的贡献是相对较低的，近几年，投资在总需求中一直占有较高比重，平均占比均在60%以上。但随着人口老龄化进程的加深，这种局面渐渐改变，消费将会在一定程度上代替投资，对经济产生巨大的推动作用（三大需求贡献率是指三大需求增量与支出法计算的地区国民生产总值增量之比）。

表4－12　湖北省历年消费水平及三大需求贡献率　单位：亿元

年份	地区生产总值	居民消费	最终消费	资本形成总额	货物和服务净出口
1999	3 806.54	1 593.94	1 983.14	1 811.66	11.74
2000	4 153.9	1 699.45	2 146.54	1 952.36	55

续表

年份	地区生产总值	居民消费	最终消费	资本形成总额	货物和服务净出口
2001	4 557.02	1 899.35	2 408.84	1 963.46	184.72
2002	4 860.92	2 114.11	2 669.7	1 994.77	196.45
2003	5 377.3	2 388.96	3 042.34	2 141.9	193.06
2004	6 335.1	2 814.42	3 564.14	2 680.96	90
2005	6 520.14	2 785.42	3 645.71	2 943.58	-69.15
2006	7 581.32	3 154.4	4 297.71	3 591.39	-307.78
2007	9 550.04	3 709.69	4 999.66	4 450.25	100.13
2008	11 728.64	4 225.38	5 892.03	5 716.36	120.25
2009	13 240.4	4 456.3	6 325.2	6 827	88.3
2010	16 182.3	5 136.8	7 389.8	8 511.2	281.3
2011	20 167.28	6 241.95	8 931.48	11 027.27	208.53
2012	22 659.38	7 085.46	9 982.79	12 554.67	121.92
2013	25 431.7	8 053.82	11 161.21	14 245.35	25.1
2014	28 728.18	9 124.48	12 562.76	16 109.59	55.83
2015	31 226.44	10 167.87	13 799.7	17 418.4	8.34
2016	32 665.4	11 379.23	15 254.99	18 786.27	-1 375.9
2017	35 478.09	12 754.48	17 171.77	20 853.57	-2 547.25

资料来源：湖北省统计局：《湖北统计年鉴》（2000~2018），中国统计出版社 2000~2018 年版。

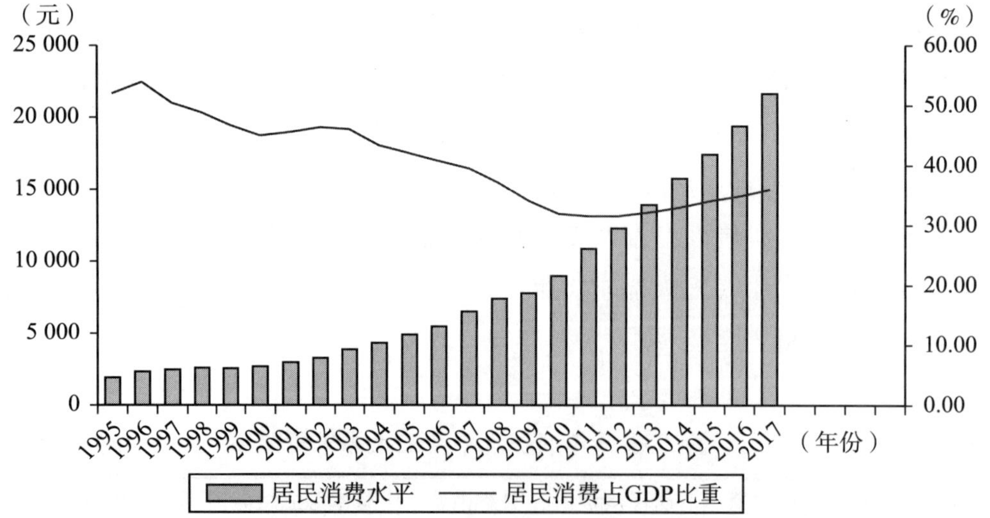

图 4-7 湖北省历年人均消费及居民消费占 GDP 比重

资料来源：湖北省统计局：《湖北统计年鉴》（2018），中国统计出版社 2018 年版。

若以人口老龄化水平（用65岁及以上老年人口数量来衡量）为自变量X，湖北省人均消费为因变量Y，初步探讨两者之间的定量关系，通过建立简单的回归模型可以发现：社会中老年人每增加一万人，会使人均消费平均增加47.52元，这样全社会的消费总额将大幅度提高，对消费的刺激作用是明显的。所得回归方程如下：

$$Y = -15\,888.06 + 47.51995X$$

EViews软件输出结果如表4－13所示。

表4－13　　EViews软件输出结果（1）

Dependent Variable：Y
Method：Least Squares
Date：08/06/13 Time：22：03
Sample：1999 2010
Included observations：12

Variable	Coefficient	Std. Error	t－Statistic	Prob.
X	47.51995	5.273118	9.011736	0.0000
C	－15 888.06	2 334.246	－6.806508	0.0000
R-squared	0.890365	Mean dependent var		5 055.167
Adjusted R-squared	0.879401	S. D. dependent var		2 179.760
S. E. of regression	756.9734	Akaike info criterion		16.24754
Sum squared resid	5 730 087.0	Schwarz criterion		16.32836
Log likelihood	－95.48527	Hannan－Quinn criter.		16.21762
F-statistic	81.21138	Durbin－Watson stat		1.884534
Prob（F-statistic）	0.000004			

二、人口老龄化对投资的影响

投资是经济增长的强大推动力，投资源于储蓄，一定规模的储蓄量是投资形成的重要保证。然而，随着人口老龄化的到来，一方面，会因劳动力数量的减少降低国民收入总额；另一方面，即使在国民收入不变时，由于国民收入可分为消费基金和储蓄基金两部分，在消费性支出不断扩大的同时，必然带来储蓄量的减少，影响社会资金的积累和企业的投资水平。另外，对政府而言，在快速推进的老龄化进程下，政府公共支出将会更多的偏向社会保障领域，政府用于养老金、社会福利、医疗卫生等方面的支出明显增多，从而压制其占社会总投资的比重，还会影响在社会其他方面的公共支出和基础设施的投资建设。

从表4－14的数据可以看出，湖北省城乡居民人均储蓄存款余额的绝对数额在不断增加，这是由于地区经济总量在逐年增加，但更重要的是湖北省人口红利带来的结果。湖北省于20世纪末进入人口红利期，劳动力资源富足，社会人口抚养比较低，单个劳动者的负担轻，这是实现高储蓄率的重要条件。但随着人口老龄化的现象越来越严重，在国民产出水平一定时，老年人口作为纯粹消费群体将耗费社会积累资金，导致人们的储蓄额减少，从而影响社会总投资。

表4－14　　湖北省历年城乡居民人均储蓄存款余额

指标	2010年	2011年	2012年	2013年	2014年	2015年	2016年	2017年
居民人均储蓄存款余额（元）	17 211	19 879	23 589	27 591	30 686	33 539.49	37 600.94	40 744.06

资料来源：湖北省统计局：《湖北统计年鉴》（2018），中国统计出版社2018年版。

从表4－15和图4－8的数据可以看出，湖北省财政社会保障支出总额从2009年的343.98亿元，增长到2017年的1109.41亿元，总体涨幅约3.2倍。湖北省社会保障支出的增长率在7.11%～21.95%浮动。社会保障制度的核心是社会保险制度，社会保险制度的核心是养老保险制度。老龄化社会的到来直接影响了湖北省社会保障支出的迅速增加，政府加大了在老年医疗、保险等方面的支出，在老年公寓、老年服务设施建设方面的投资比重也有所上升。这在很大程度上挤占了政府投资于其他方面的资金，影响了其他公共工程的投资建设，从长远来看不利于经济的增长。

表4－15　　湖北省历年社会保障支出总额及增长率

指标	2009年	2010年	2011年	2012年	2013年	2014年	2015年	2016年	2017年
湖北省社会保障支出总额（亿元）	343.98	368.42	449.29	501.13	605.7	717.63	858.7	978.82	1 109.41
增长率（%）	—	7.11	21.95	11.54	20.87	18.48	19.66	13.99	13.34

资料来源：笔者根据国家统计局网站资料整理。

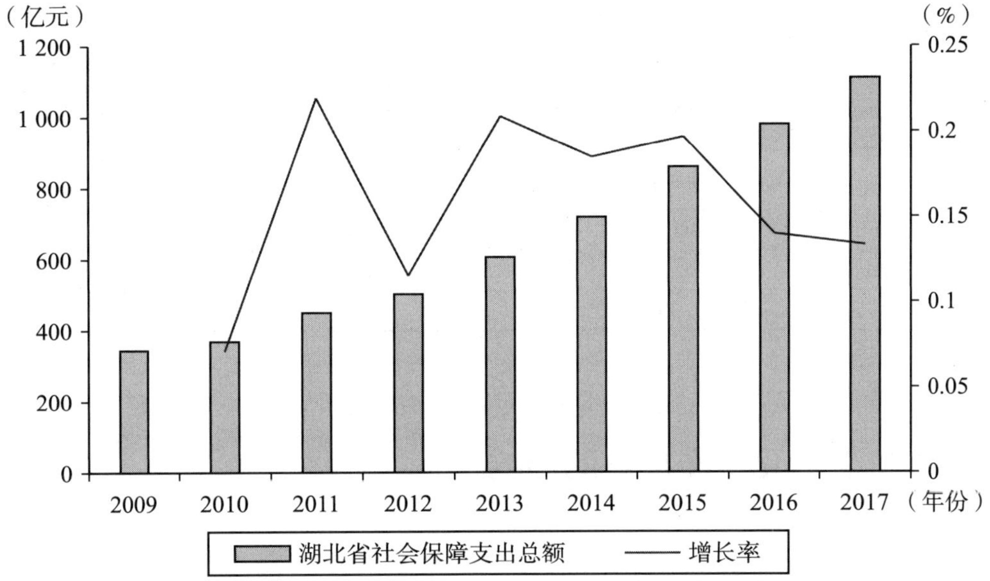

图4-8　湖北省历年社会保障支出总额及增长率

资料来源：笔者根据国家统计局网站资料整理。

若以人口老龄化水平（同样用65岁及以上老年人口数量来衡量）为自变量X，以湖北省历年社会保障支出总额为因变量Y，初步探讨两者之间的定量关系，通过建立简单的回归模型可以发现：社会中老年人每增加一万人，会使社会保障支出总额平均增加4.1万元，这将给政府财政造成沉重负担，同时给纳税人带来较大的经济压力。所得回归方程如下：

$$Y = -1\,610.503 + 4.10503X$$

EViews软件输出结果如表4-16所示。

表4-16　EViews软件输出结果（2）

Dependent Variable：Y

Method：Least Squares

Date：08/06/13 Time：22：33

Sample：2009 2017

Included observations：8

Variable	Coefficient	Std. Error	t-Statistic	Prob.
X	4.105030	0.679220	6.043742	0.0009
C	-1 610.503	305.5465	-5.270892	0.0019

续表

R-squared	0.858913	Mean dependent var	232.7275
Adjusted R-squared	0.835398	S. D. dependent var	129.4708
S. E. of regression	52.52782	Akaike info criterion	10.97288
Sum squared resid	16 555.03	Schwarz criterion	10.99274
Log likelihood	-41.89152	Hannan – Quinn criter.	10.83893
F-statistic	36.52682	Durbin – Watson stat	2.131998
Prob（F-statistic）	0.000928		

三、人口老龄化对净出口的影响

在人口老龄化背景下，随着老年群体占社会比重的上升，老年人对老年消费品的需求量会急剧增加，致使老年产业生产的产品在短时间内不能满足迅速扩张的市场需求，因此会扩大老年消费品的进口。同时，由于人口老龄化带来的劳动力数量的稀缺及工资成本的上升，我国企业将面临巨大的挑战，商品价格难以下降，从而削弱我国产品在国际市场上的竞争力，影响出口水平和出口部门的经济效益。这样，人口老龄化便会使净出口减少，恶化我国对外贸易状况，甚至导致国际收支逆差。

具体到湖北省的情况，1995～2018 年，湖北省的进出口总额不断增加，从 1995 年的 340 920 万美元增长到 2018 年的 5 278 154.7 万美元，反映出湖北省国际贸易的发展及与世界联系的加深。从表中的数据可以发现，湖北省的国际收支差额在大多数年份是正值，即出口大于进口，并且在近几年顺差呈现出增大的趋势。但正如上所述，人口老龄化有可能造成出口减少、进口增加，从而使得湖北省的这种顺差优势减弱，还不利于出口部门的发展（见表 4－17、图 4－9）。

表 4－17　　湖北省历年进、出口额　　单位：万美元

年份	出口额	进口额	进出口总额	净出口
1995	198 435	142 485	340 920	55 950
1996	152 603	133 684	286 287	18 919
1997	192 075	128 396	320 471	6 3679
1998	170 757	112 456	283 213	58 301

续表

年份	出口额	进口额	进出口总额	净出口
1999	151 229	116 533	267 762	34 696
2000	193 555	128 731	322 286	64 824
2001	179 678. 7	178 041. 1	357 719. 8	1 637. 6
2002	209 826	185 488	395 314	24 338
2003	265 537	245 393	510 930	20 144
2004	338 219. 4	338 361. 5	676 580. 9	−142. 1
2005	442 868. 37	462 606. 8	905 475. 17	−19 738. 43
2006	626 062. 7	550 156. 69	1 176 219. 39	75 906. 01
2007	817 293. 9	669 601. 5	1 486 895. 4	147 692. 4
2008	1 170 890. 9	899 676. 1	2 070 567	271 214. 8
2009	997 879. 6	727 221. 9	1 725 101. 5	270 657. 7
2010	1 444 179. 5	1 149 031. 5	2 593 211	295 148
2011	1 953 460. 1	1 405 233. 4	3 358 693. 5	548 226. 7
2012	1 939 849. 8	1 256 525. 3	3 196 375. 1	683 324. 5
2013	2 283 620. 8	1 354 386. 8	3 638 007. 6	929 234
2014	2 664 242. 2	1 639 719. 7	4 303 961. 9	1 024 522. 5
2015	2 921 181. 6	1 634 076. 4	4 555 258	1 287 105. 2
2016	2 603 934. 2	1 334 943. 1	3 938 877. 3	1 268 991. 1
2017	3 048 622. 7	1 585 096. 3	4 633 719	1 463 526. 4
2018	3 407 150. 1	1 871 004. 6	5 278 154. 7	1 536 145. 5

资料来源：中经网统计数据库。

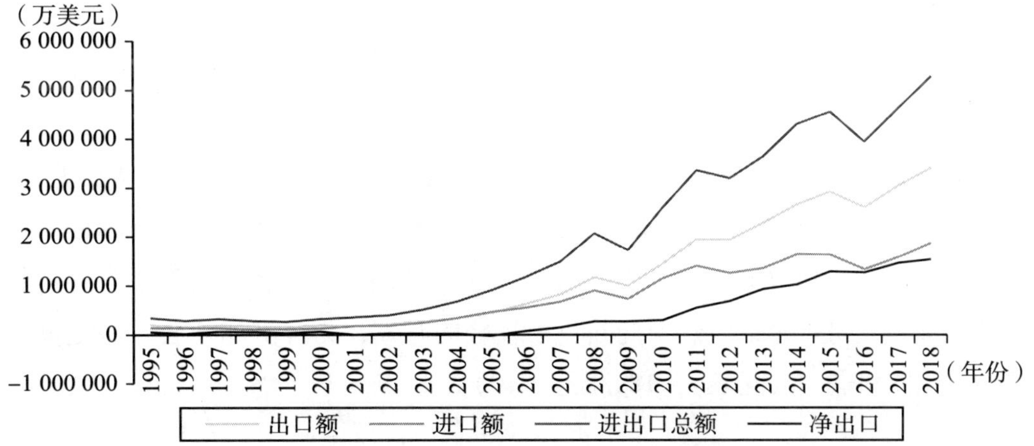

图 4－9　湖北省历年进、出口额

资料来源：中经网统计数据库。

第四节　人口老龄化对供给结构的影响

从供给层面来讲，劳动力、资本、技术是拉动经济增长的三个主要因素。人口老龄化对以上三个方面都会产生影响，下面将逐一分析。

一、人口老龄化对劳动力供给的影响

人口老龄化意味着老年人口在总人口中的占比越来越高，其他年龄段的人群占比相对较低，这必然导致劳动年龄人口占总人口的比重趋于下降和劳动年龄人口趋于老化。前者会直接导致劳动力供给的不足，使生产资料和机器设备闲置，造成经济资源的浪费，不利于经济的长远发展；后者会直接影响劳动生产率，因为随着劳动力年龄的增加，其生理机能开始衰退，其体力、智力、记忆力趋于衰减，劳动动作的敏捷速度和头脑的反应速度都不及年轻人，从而降低生产效率。但劳动力中的大龄劳动者，他们经验丰富、技术老成、思想成熟，会给青年劳动者以指导指引，并起到模范带头作用，从而对生产带来有利影响，不过这方面的影响力大小比较有限，不如前者那样直接、明显。

截至2016年底，湖北省常住人口5 885万，其中，60周岁及以上人口1 072万，占总人口的18.22%。与全国（2.3亿人）相比，该省人口老龄化程度高出全国平均水平（16.7%）1.52个百分点。在短期内，湖北省不会面临劳动力紧缺的局面，人口年龄结构处于抚养负担较轻的时期，为经济和社会发展提供了难得的战略机遇期（见表4－18、图4－10）。

表 4－18　　湖北省劳动年龄人口占总人口比重

指标	2009 年	2010 年	2011 年	2012 年	2013 年	2014 年	2015 年	2016 年	2017 年	2018 年
劳动年龄人口占总人口比例（%）	75.4	76.99	75.58	75.16	75.15	73.77	73.59	72.94	71.96	72.16

资料来源：湖北省统计局：《湖北统计年鉴》（2009～2019 年），中国统计出版社 2009～2019 年版。

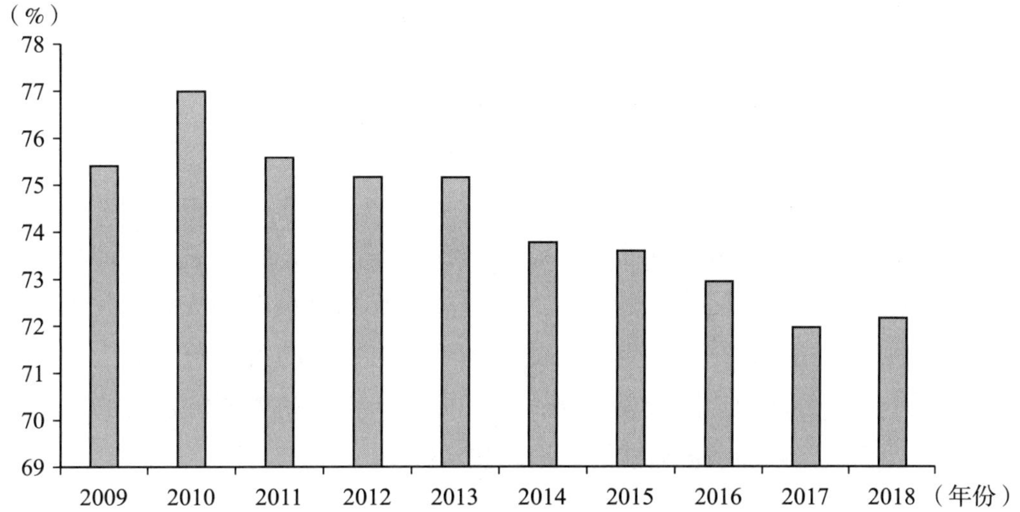

图 4－10　湖北省劳动年龄人口占总人口比重

资料来源：湖北省统计局：《湖北统计年鉴》（2009～2019 年），中国统计出版社 2009～2019 年版。

二、人口老龄化对资本形成的影响

如前所述，人口老龄化使得生产性的劳动群体所占比例不断减少，而作为纯粹消费群体的老年人的数量逐年攀升，这会使得消费增加，储蓄减少，严重耗损社会中的生产建设资金，不利于资本的形成。表 4－19 给出了湖北省历年资本形成总额及固定资产投资额。从表中可以发现，湖北省的全社会资本形成总额从 2010 年的 8 780.8 亿元增加到 2017 年的 17 585.44 亿元，是 2010 年的两倍，原因与居民平均储蓄余额有较大幅度增长的原因相似，这里不再赘述。

表 4 – 19　　湖北省历年资本形成总额及固定资产投资额

指标	2010 年	2011 年	2012 年	2013 年	2014 年	2015 年	2016 年	2017 年
资本形成总额	8 780. 8	10 913. 43	12 488. 84	14 001. 63	15 652. 18	15 555. 06	16 737. 27	17 585. 44
全社会固定资产投资完成额	10 262. 7	12 557. 34	15 578. 29	19 307. 33	22 915. 3	26 563. 9	30 011. 65	32 282. 36

资料来源：湖北省统计局：《湖北省统计年鉴》（2010 ~ 2018 年），中国统计出版社 2010 ~ 2018 年版。

三、人口老龄化对技术进步的影响

劳动力进入中年以后，他们接受新知识、新技术的能力开始减弱，加上高龄劳动力的思想较为保守，在生产过程中习惯按部就班，缺乏创新精神和探索精神，这在很大程度上阻碍了新技术的引进、吸收和再创新，从而不利于技术的进步。但与此同时，在人口老龄化的推动下，由于劳动力供给的减少会带来工资水平上升，劳动的边际收益提高，这就促使年轻劳动力增加自身的人力资本投资，注重培养和加强创新能力，推动技术进步。

第五节　人口老龄化对产业结构的影响

一、主要表现

产业结构状况直接关系到社会资源的配置效率和经济效益，产业结构是否合理是衡量经济可持续发展的重要标志，而产业结构的优化升级则是经济增长的永恒主题。近年来，随着工业化和城镇化进程的快速推进，湖北省的三次产业呈现出第一产业比重逐步下降，第二、第三产业比重稳步上升，产业结构层次得到进一步提升的局面。

2017 年，湖北省三次产业比重比为 10∶43.5∶46.5，第三产业比重较 2010 年有明显上升。与 2017 年全国的三产比重（7.6∶40.5∶51.9）相比，第一产业高出 2.4 个百分点，第二产业高出 3 个百分点，第三产业降低了 0.8 个百分点，但三次产业顺序与全国一致，呈现出“三、二、一”结构（见表 4－20、表 4－21、图 4－11）。湖北省产业结构在不断调整与优化的过程中，仍然存在基础产业发展滞后、第二产业结构性矛盾突出、第三产业发展规模偏小等问题。人口老龄化从供需两方面，通过影响各种资源、要素在产业内部与不同产业之间的转移、配置和使用效率，间接影响产业结构的调整和布局。具体来讲，包括以下几个方面。

表 4－20　湖北省产业结构变化趋势及与全国对比　单位：%

区域	1978 年			2002 年			2010 年			2017 年		
	第一产业	第二产业	第三产业	第一产业	第二产业	第三产业	第一产业	第二产业	第三产业	第一产业	第二产业	第三产业
湖北	40.5	42.2	17.3	16.8	40.6	42.6	13.4	48.7	37.9	10.0	43.5	46.5
全国	28.2	47.9	23.9	13.7	44.8	41.5	10.1	46.8	43.1	7.6	40.5	51.9

资料来源：湖北省统计局：《湖北省统计年鉴》（2018 年），中国统计出版社 2018 年版。

表 4－21　湖北省三次产业贡献率　单位：%

年份	第一产业	第二产业	第三产业
1990	42.68	－9.84	67.16
1991	－25.9	65.6	60.3
1992	18	48.2	33.8
1993	13	53.5	33.5
1994	14.2	59.2	26.6
1995	17.5	54.9	27.6
1996	9.6	62.2	28.2
1997	13.5	53.9	32.6
1998	－1.6	62.8	38.8
1999	5.1	52.2	42.7
2000	5.6	53	41.3
2001	5.3	45.2	49.5
2002	3.8	45.1	51.1

续表

年份	第一产业	第二产业	第三产业
2003	9.8	43.4	46.8
2004	9.2	50.4	40.5
2005	6.5	53.5	40
2006	6.3	52.4	41.3
2007	4.9	50.9	44.2
2008	6.2	56	37.8
2009	5.1	57.9	37
2010	3.7	66.1	30.2
2011	4.3	62.9	32.8
2012	5.1	59.1	35.8
2013	5.1	55.3	39.6
2014	5.3	52.1	42.6
2015	5.3	46.8	47.9
2016	5.4	44	50.6
2017	5	41.8	53.2

注：三次产业贡献率是指各产业增加值增量与 GDP 增量之比。

资料来源：湖北省统计局：《湖北统计年鉴》（2018），中国统计出版社 2018 年版。

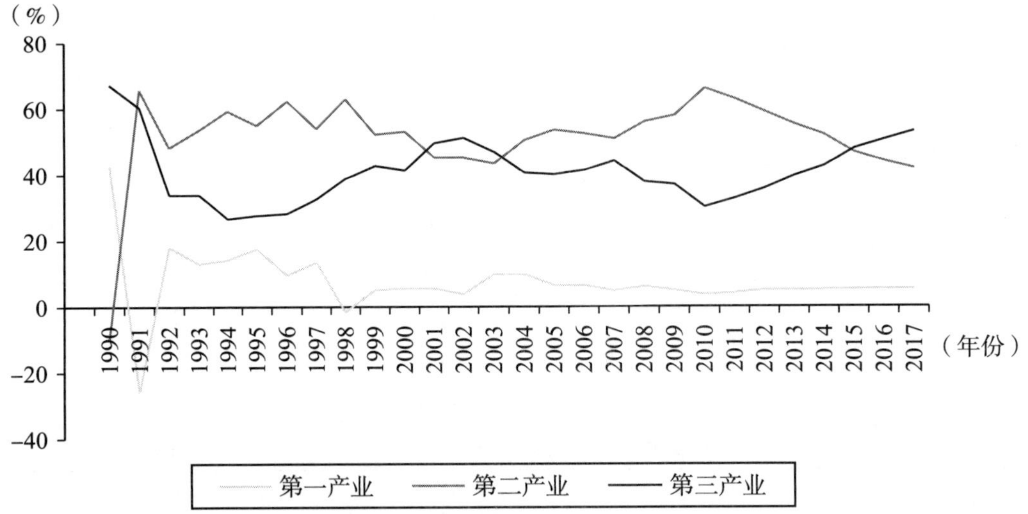

图 4－11　湖北省三次产业贡献率

资料来源：湖北省统计局：《湖北省统计年鉴》（2018），中国统计出版社 2018 年版。

1. 老年产品和服务行业将获得巨大的发展机会

人口老龄化所带来的老年人口比重的上升和老年人绝对数量的增多，为老年产业的快速发展创造了条件。老年产业涉及老年人的衣食住行各个方面，涵盖饮食、服装、交通、护理、保健、金融、保险、建筑、教育等多个领域。在老年产业体系中，值得关注的老年医疗保健业、老年家庭服务业、老年保险业和老年服务业，均属于第三产业的范畴，因此人口老龄化将带动第三产业的发展，提高第三产业占三产的比重，有力促进劳动力向第三产业转移，从而实现劳动力就业的产业结构调整。

2. 不利于劳动密集型产业的成长

湖北省快速增长的国民收入总量在很大程度上得益于丰富而低廉的劳动力的有效供给，而人口老龄化带来的劳动力数量的短缺及劳动力年龄老化导致的生产效率的降低，都将对劳动密集型产业带来不利影响。总体而言，在三次产业中，第一产业和第三产业吸收劳动力的水平相对较强。人口老龄化会使得像农业、林业，第二产业中的纺织、服装、玩具、皮革、家具等制造业，以及庞大的第三产业遭遇劳动力资源的“瓶颈”，面临前所未有的招工难问题，从而降低这些产业部门的产出水平，制约其长期健康、可持续发展（见表4－22）。

表4－22　　产业结构与就业结构的对比　　单位：%

区域	2017年产业结构			2017年就业结构		
	第一产业	第二产业	第三产业	第一产业	第二产业	第三产业
湖北	10	43.5	46.5	35.4	23.2	41.4
全国	7.6	40.5	51.9	26.98	28.11	44.91

3. 资本密集型产业将面临更大的融资困难

人口老龄化带来的储蓄率的降低会放缓物质资本的积累速度，政府、企业的投资资金将丧失基础和来源，这会在很大程度上制约资本密集型产业的长远发展。湖北作为老工业基地省份，工业部门齐全，重工业较为发达，像二次产业中的钢铁业、电子与通信设备制造业、运输设备制造业、石油化工、重型机械工业、电力工业等是湖北经济中最重要的组成部分，产业链条长，对其他部门的拉动作用明显，是经济成长的发动机。这些部门的发展需要雄厚的物质资本作支撑，而随着人口老龄化的到来，其发展将会遇到很大的挑战。

4. 技术密集型产业将会获得发展动力

如上所分析，人口老龄化使劳动力供给缺乏并降低劳动生产率水平，这将阻碍劳动密集型产业的发展。但是，劳动力短缺带来的工资水平的上涨会在很大程度上刺激社会各经济主体对人力资本的投资，激励对自身人力资本的积累。这将提高劳动者的专业技能及综合素质，提高劳动生产率，使越来越多的劳动者能够适应高精尖行业并转移到这些行业中来，从而拉动诸如电子计算机产业、大规模集成电路工业，精密机床、数控机床、防止污染设施制造等高级组装工业，高级医疗器械产业等技术密集型产业的发展，创造出更大的产出，为湖北经济增长作出更大的贡献。

5. 为寿险业发展提供了重要机会

老龄化对经济社会的发展造成极大影响，对寿险业的发展既是机遇也是挑战。人口老龄化意味着社会赡养压力将加重，商业寿险的赔付即将进入高发期，同时，一段时间内的寿险投保人数量增速会大大放慢，会对寿险公司的财务状况产生一定冲击。然而人口老龄化也意味着有更多的人面临着养老、医疗、护理等问题，由于“未富先老”的特点，政府财政的压力很大，寿险业作为养老保险体系的重要组成部分，面对人口老龄化的趋势，可以在社会保障的空白区域大有作为，从而在很大程度上推动寿险业发展。

二、政策建议

（1）大力发展老年产业，刺激老年人消费。随着老龄社会的到来，老年人口占社会总人口的比重越来越大，老年人口越来越多，老年消费需求得到很大提升。我们应抓住机遇，积极发展老年产业、开拓老年市场，拉动老年人的消费需求，从而缓解老龄化对消费带来的不利影响。在老年食品、服装、鞋帽、保健品、医疗器械等领域都是可以大有作为的，存在着无限的商机，具有广阔的发展前景，为湖北经济提供了新的增长点。

（2）努力改变经济增长模式，从粗放型增长向集约型增长转变。在快速推进的老龄化进程中，劳动力供给不足，生产效率低下，物质资本积累速度放缓，传统的依靠生产资料的大量投入促进经济增长的方式已难以为继，劳动力、资本的匮乏带来的问题越来越严重，转变经济发展方式迫在眉睫。在未来的经济发展中，必须依靠技术进步、经营效率的提高、管理创新来拉动经济增长，促进经济稳步、健康、可持续发展，创造出可观的国民收入，以积累起未来社会所需要的各种资金，做到未雨绸缪，防患于未然。

（3）促进产业内部的优化升级，扶持技术密集型产业。人口老龄化促进湖北省的产业结构由劳动密集型、资本密集型向技术密集型转变，这正是产业结构优化升级最为核心的部分。为此，政策制定者应积极推进产业内部的技术升级和更新换代，加大在科研、教育等方面的支出，提高在技术密集型产业中的投资比重，并鼓励个人增加自身的人力资本积累，提高劳动者的综合素养和专业技能，更好地适应产业结构的转变。

第六节　商业养老与社会养老的相互关系

早在2009年，我国就已经完成了由成年型社会向老年型社会的转型，统计表明，2011年我国65岁老年人口占总人口的比重已达到9.1%，养老已经成为影响我国经济社会发展的重要社会问题。以20世纪50年代初颁布的《中华人民共和国劳动保险条例》为起点，我国一直在努力建立和完善适应我国国情的养老保障体系。近年来，在老龄化和世界性潮流的影响下，我国正在建立以国家基本养老保险、企业补充养老保险和个人储蓄性养老保险为支柱的养老保险体系。国家基本养老保险主要指城镇职工基本养老保险，此外还包括近年来在农村试点实施的新型农村社会养老保险，属于社会养老保险范畴；个人储蓄性养老保险是由职工自愿参加、自愿选择经办机构的一种补充保险形式，如果职工选择在商业保险公司投保，则个人储蓄性养老保险具有自愿性，按照商业化运作和经营，属于商业养老保险范畴；企业年金则介于社会养老和商业养老之间，实行企业自愿原则，大致上按照商业方式运作，但是其可以享有政府的税收政策优惠，同时也要受到政府对投资范围等方面的监管约束。商业养老保险是社会养老保险的重要补充，社会养老保险同商业养老保险共同作用，促进我国养老保险体系的发展和完善。

商业养老保险同社会养老保险既存在性质、目的、保障水平等区别，但又有相似之处，两者互相影响，关系十分复杂。理清并处理好社会养老保险和商业养老保险的关系，对构建我国多层次的养老保险体系具有重要的意义，因此，本书拟从商业养老和社会养老的概述着手，通过格兰杰因果关系检验、协整检验和误差修正模型，对两者的相互影响关系进行定量分析，从中找到促进其长期稳定发展的方法。养老，是老龄化趋势下世界各国不可回避的重要社会问题。在我国，要应对老龄化带来的变化，妥善处理好公民养老问题，就必须把社会养老和商业养老良好地结合起来。社会养老保险制度是国家强制执行的，由国家和社会提供物质帮助，保障公民晚年基本生活的一种社会保障制度。而商业养老保险则是投保人以获得养老金为主要目的自愿参加的一种商业保险，是社会养老保险的补充。商业养老和社会养老相互影响，共同服务于我国的养老事业。

一、相关概念

1. 商业养老

商业养老保险是投保人自愿购买的以获得养老金为目的的一种特殊的寿险。作为一种商业保险，其经营主体是保险公司，经营目的是为投保人提供风险分散、风险管理服务，最大化企业利润与投资者的收益。目前市场上的绝大多数商业养老保险都是以年金保险的形式存在，包括个人年金保险和团体年金保险。商业养老保险是社会养老保险的重要补充。

2. 社会养老

社会养老保险是由国家立法、政府强制实施的以保障老年人基本生活需求为目的的一种社会保障制度。社会养老保险一般会规定一个年龄界限，并为超出这个年龄界限的劳动者提供养老保障。社会养老保险的经营主体是政府，其目的是实行社会保障。

3. 商业养老同社会养老的异同

不论是商业养老保险还是社会养老保险都对老年风险进行分散，对被保险人给予了经济补偿，在这一点上，两者是相同的。但是两者在目的、性质等方面存在很大的差异。

首先，在目的上，商业养老保险的经营主体是保险公司，其最终目的是获得利润；而社会养老保险则是由政府经营，其目的是为老年人提供社会保障。其次，在性质上，商业养老保险是一种商业行为，遵循自愿原则；社会养老保险则是一种政府强制实施的政府行为。最后，在保障程度上，我国社会养老保险只能提供基本生活保障，而商业养老保险则可以根据投保人的要求和缴费能力灵活选择保障范围，为老年人提供更高程度的保障。

商业养老保险同社会养老保险的内涵和异同决定了其复杂的相互影响关系。一方面，它们是相互促进的，譬如社会养老保险的普及可以提高商业养老保险的认可度，商业养老保险的经营管理方式可以被社会养老保险借鉴，可以补充社会养老保险的保障范围；另一方面，它们又是相互冲突的，如保障范围的交错、投保人的争夺等。对这种关系的探讨和掌握将有助于我国社会养老保障体系更好的构建。

二、商业养老与社会养老相互关系的定量分析

商业养老与社会养老复杂关系的研究对我国社会养老保障体系的构建和发展具有重要意义，本书将采用格兰杰因果关系检验、协整检验和误差修正模型，从定量的角度对这种关系进行分析，探索当下其在我国的关联方向和程度。

1. 变量选取和数据收集

本部分主要研究商业养老保险和社会养老保险的关系，基于数据的可得性，我们选取国家城镇基本养老保险基金收入（x）来表示我国社会养老保险的发展状况，选取人寿保险公司原保险保费收入（人寿保险）（y）表示商业养老保险的发展状况，数据源于中经网统计数据库(2019)，如表4－23所示。

表4－23　2000～2018年商业养老保险、社会养老保险发展状况　单位：亿元

年份	城镇职工基本养老保险基金收入	人寿保险公司原保险保费收入（人寿保险）
2000	2 278.47	882
2001	2 488.96	1 288

续表

年份	城镇职工基本养老保险基金收入	人寿保险公司原保险保费收入（人寿保险）
2002	3 171. 46	2 074
2003	3 679. 98	2 669. 49
2004	4 258. 38	2 851
2005	5 093. 31	3 247
2006	6 309. 76	3 592. 75
2007	7 834. 16	4 463. 4
2008	9 740. 22	6 658. 4
2009	11 490. 84	7 457. 44
2010	13 419. 53	9 679. 51
2011	16 894. 73	8 695. 59
2012	20 000. 99	8 908. 06
2013	22 680. 37	9 425. 14
2014	25 309. 67	10 901. 69
2015	29 340. 85	13 241. 5
2016	35 057. 5	17 395. 88
2017	43 309. 57	21 455. 4
2018	51 167. 56	20 722. 84

2. 单位根检验

格兰杰因果关系检验要求时间序列数据是平稳变量，因此要利用 ADF 检验对数据的平稳性进行检验。为了消除异方差，首先对 x、y 取自然对数，得到 lnx、lny 序列。为了进一步消除趋势性，对变量进行一阶差分。检验结果如表 4－24 所示。

表 4－24　　ADF 检验结果

变量	ADF 检验	10% 临界值	是否平稳变量
lnx	0. 129046	－2. 747676	非平稳
lny	－2. 098663	－2. 747676	非平稳
dlnx	－3. 162315	－2. 801384	平稳
dlny	－3. 363650	－2. 801384	平稳

从表4－24可以看出，dlnx、dlny的ADF检验值分别是－3.162315、－3.363650，显然小于10%水平下的临界值，因此，dlnx、dlny的检验统计值拒绝原假设，不存在单位根，是平稳序列，可以进行格兰杰因果关系检验。

3. 格兰杰因果关系检验

通过单位根检验之后，要对dlnx、dlny进行格兰杰因果关系检验来分析它们之间的因果关系。使用EViews 7.0，检验结果如表4－25所示。

表4－25　　格兰杰因果关系检验结果

原假设	F统计量	p值	结论
dlny不是dlnx的原因	0.54158	0.6298	接受
dlnx不是dlny的原因	3.27483	0.1761	接受

从结果可以看出，假设：dlny不是dlnx的格兰杰原因的F统计值为0.54158，可能性为0.6298，大于10%，这说明了在10%的置信水平上检验的原假设是以比较大的概率发生的，所以可以认为原假设被接受，dlny不是dlnx的格兰杰原因。假设：dlnx不是dlny的格兰杰原因的F统计值为3.27483，可能性为0.1761，大于10%，可以认为在10%的置信水平上检验的原假设被接受，dlnx同样不是dlny的格兰杰原因。

从格兰杰检验的结果来看，我们可以认为：在10%置信区间上，社会养老保险的发展同商业养老保险的发展短期内不存在格兰杰因果关系。

4. 协整检验和误差修正模型

虽然lnx、lny不存在短期格兰杰因果关系，但由于lnx、lny序列都是一阶单整，它们之间可能存在长期均衡关系，需要进一步检验。本书采用E—G两步法对它们进行回归分析，具体方法是首先对lnx、lny进行普通最小二乘回归，得到残差序列ecm，然后再对ecm作单位根检验。如果检验得出e是平稳序列，则说明两者之间具有协整关系。

首先以lny为被解释变量，对变量lnx进行普通最小二乘法回归得到以下结果：

$$\ln y_t = 0.464 \ln x_t + 5.43$$

$$T:\ (3.1176)\ (4.222)$$

$$P:\ (0.0113)\ (0.0022)$$

$R^2=52.8\%$，调整 $R^2=47.6\%$。

从结果可以看出，模型的调整 R^2 为 47.6%，显著性检验的 P 值均小于 0.05，因此模型拟合度良好，通过了显著性检验，回归结果有意义。

对残差 ecm 进行单位根检验，结果如表 4-26 所示。

表 4-26　　残差 ADF 检验值

变量	ADF 检验	5% 临界值	10% 临界值	是否平稳变量
ecm	-3.347224	-3.212696	-2.747676	平稳

从检验的结果中可以看出，残差的 ADF 检验值为 -3.347224，小于置信水平 5%、10% 下的临界值，因此可以认为残差序列是平稳序列。

从协整检验中，我们可以得出结论：商业养老保险与社会养老保险之间存在协整关系。协整方程为：

$$\ln y_t = 0.464\ln x_t + 5.43 \tag{4.1}$$

由协整方程可以看出，商业养老保险年金支出和社会养老保险基金收入存在长期的均衡关系，社会养老保险基金收入每变化 1%，商业养老保险年金支出就变化 0.464%，两者呈稳定的正向强相关关系。

x 和 y 存在协整关系，可以以协整模型为基础对其进行误差修正。研究其短期动态关系，通过 EViews 可以得到方程：

$$d\ln y_t = 0.166 d\ln x_t + 0.066 - 1.2ecm(-1) \tag{4.2}$$

$$\text{T:}\quad (0.055)\quad (0.113)\quad (-3.086)$$

$$\text{P:}\quad (0.958)\quad (0.914)\quad (0.0177)$$

$R^2=58.9\%$，调整 $R^2=47.1\%$。

可以看出误差修正项为负，但是方程结果不显著，加入滞后项，得到方程：

$$d\ln y_t = 1.309 d\ln x_t + 7.326 d\ln x_{t-1} - 1.39 d\ln y_{t-1} - 1.352 - 1.808ecm(-2) \tag{4.3}$$

$$\text{T:}\quad (0.692)\quad (4.147)\quad (-6.231)\quad (-2.804)\quad (-4.875)$$

$$\text{P:}\quad (0.527)\quad (0.014)\quad (0.003)\quad (0.049)\quad (0.009)$$

$R^2=92.9\%$，调整 $R^2=85.9\%$。

剔除不显著的变量 $d\ln x_t$，得到误差修正方程：

$$dlny_t = 7.354dlnx_{t-1} - 1.419dlny_{t-1} - 1.111 - 1.82ecm(-2) \quad (4.4)$$

T：　(4.400)　(−6.785)　(−3.515)　(−5.193)

P：　(0.007)　(0.001)　(0.017)　(0.004)

$R^2 = 92.1\%$，调整 $R^2 = 87.3\%$。

从 P 值和 R^2 来看，方程拟合度较好，结果显著。

误差修正模型反映了长期均衡对短期波动的调整力度，误差修正项系数为负，说明模型存在显著的反向误差修正机制，当商业养老保险和社会养老保险的短期变动脱离长期均衡时，系统内的修正机制会将其拉回长期均衡状态，调整速度较快。方程反映了社会养老和商业养老的短期动态关系，两者存在短期变动影响关系，但格兰杰关系检验却表明两者不存在格兰杰因果关系，这可能是因为我国社会养老发展覆盖面不广、保障低，商业养老保险的发展也尚有较大空间，两者发展都不够成熟，在短期内有一定影响，但影响程度较小，尚未形成显著因果关系。

三、结论分析和政策建议

1. 结论分析

通过对相关数据的定量分析，可得结论如下：商业养老保险的发展同社会养老保险的发展存在长期的正向均衡关系，两者互相促进，但在短期内，两者直接必然的联系不显著。这与我国社会养老覆盖面不广和保障水平较低有紧密的联系。

从世界经验来看，社会养老保险和商业养老保险的短期显著影响更多体现在社会保险和商业保险都发展程度较高的国家和地区。发达国家经历过社会养老保险排挤商业养老保险的时期，20 世纪 50 年代，由于社会养老保险体系的建立，部分发达国家的私营寿险业务受到冲击，市场占有率大幅下降。社会养老保险的发展在一定程度上降低了公民对商业养老保险的需求。然而，在我国，社会养老保险覆盖面不广，保障程度较低，需要商业保险的补充。我国的基本养老保险主要覆盖在城镇地区，但覆盖面一直不广，参保水平亦较低，截至 2018 年，参加城镇基本养老保险的人数比例也只达到了 50.4%，仅仅半数。而在老龄化形势更为严峻的农村地区，则只有从 2009 年开始实施的农村基本养老保险的改革试点，到2011年，全国试点参保人数有3.26亿，只占农村总人口的49.7%，未达半数，而保障水平都只达到基本生活水平。较低的社会养老保险水平不能排挤商业保险的发展空间，商业养老保险也才刚起步，两者在保障范围、保障程度上并无太大交叉，因此从短期看，两者的相互影响并不明显。

相反，从长期看，社会养老保险的普及可以消除在我国长期存在的对保险的误解，使公民认识到养老保险对自身的重要意义，提高保险意识，从而有潜在促进商业养老保险购买的作用。社会养老保险的低保障水平只能维持基本生活，公民为了得到更好的晚年生活，会更加倾向于向商业养老保险寻求帮助，两者的保障范围和程度在一定程度上是互补的。同时，商业养老保险可以为社会养老保险提供更好的管理运营方式、基金管理方式和险种类别，解决社会养老在我国的财政困难和发展困境。

因此，在我国，社会养老保险和商业养老保险短期内的关系并不显著，但是在长期存在正向的均衡关系，两者是互补的，而关系新变化的出现可能要等到未来社会养老保险的服务能够替代商业养老保险的时候。

2. 政策建议

商业养老保险和社会养老保险都对我国社会经济的发展具有重要的作用。因此，促进两者健康和谐发展也有着重要意义。为了促进商业养老保险和社会养老保险事业的良好发展，本书结合对其相互关系的定量分析，建议如下：

（1）在社会养老保险方面，政府应当扩大基本养老保险的覆盖范围，积极进行农村社会养老保险改革，借鉴商业养老保险和企业年金的资金管理方式，缓解财政压力，发挥社会养老保险在养老保障体系中的第一支柱作用。

现阶段，我国社会养老保险的普及对于全社会的保险意识提高有着重要的意义，因此政府应当积极促进其发展。我国社会养老保险现在面临的问题有三个：覆盖范围小、城乡不均衡和财政压力。社会养老保险的目的是为全社会成员提供养老保障，扩大其保障范围是建立该保险的题中之义。城乡不均衡一直是困扰我国社会养老保险的重要问题。农村人口在我国人口中占有近半数，但是他们很多都未纳入社会保障体系，这不利于社会的稳定和经济的发展，因此政府应当积极推进“新农保”的建立，为农村人口提供保障。老龄化带来了社会养老保险的财政压力，应对这种压力的一个重要方法就是向企业年金和商业保险公司学习资金运营管理的方式，增加基金的价值。这三个问题看似割裂，但实际上是互相影响的，要促进我国社会养老保险的发展，政府就应当三管齐下。

（2）政府对于商业养老保险，应该也必须给予政策支持。

由于我国社会养老保险的不足，商业养老保险异军突起，它不仅仅能够为社会成员提供养老保险，而且在一定程度上能够给社会成员带来分红收入。我国现有的社会养老保险制度，保险的范围比较小，保障程度比较低，商业养老保险更是起到了不可替代的作用。商业养老保险能够为社会提供更多更有选择度的险种，提供更好的基金运营方式，长期看能够促进社会养老保险的发展，公民要维持更好的晚年生活，离不开商业养老保险的支持。国际上很多国家的商业养老保险都得到了政府的支持，然而在这一块我国还存在空缺。政府应当清醒地认识到商业养老保险在我国养老保障体系中的支柱作用，通过税收减免等方式给予商业养老保险支持。

（3）在商业养老保险和社会养老保险之外，政府应当注重企业年金的发展。

企业年金作为社会养老保障体系的第二支柱，其本身受到了社会养老保险和商业养老保险的重要影响。一方面，它得到了政府的政策支持；另一方面，其运营方式又带着商业养老的痕迹。我们可以把企业年金看作商业养老和社会养老沟通过渡的桥梁，企业年金对于补充我国社会养老、促进商业养老发展具有重要意义，政府应当积极促进其发展。一方面，政府应维持对其的支持，同时加强监管，建立符合市场化投资要求的监管体制；另一方面，政府可以在企业年金发展中更多地引入商业元素，如设计更多的年金产品，交由寿险公司经营管理等，从而提高企业年金的社会认可度和保值增值能力，促进我国养老保障体系稳定和谐的发展。

第七节　老年人口红利

一、老年人口红利的定义及意义

简单地说，人口红利就是人口的窗口机会，是人口对于社会经济增长的积极作用、积极贡献和积极价值。它是指在人类历史进程中，人口的阶段转变所形成的低人口负担比，有利于社会经济的发展。不同的人口比，会对社会形成不同的红利，它是人口的投入和产出之比对社会的影响。针对人类历史进程中所出现的人口红利情况，我们将人口红利划分为四个阶段，分别是增长人口红利、流迁人口红利、投资人口红利和转型人口红利。转型人口红利就是指在人口结构的转型过程中，对社会所造成的影响，本书所研究的老龄化人口就属于转型人口红利。老龄化人口的红利主要表现在，老龄人口由于其社会经验和工作经验的积累，一般都拥有比较成熟的社会工作经验，对于老龄人口进行二次开发，有利于老龄人口将其社会经验充分释放，给社会带来积极的价值影响，从而使整个社会获得一种进步。

综上所述，老年人口红利可以定义为有劳动能力和社会参与愿望的老年人再次社会参与所产生的价值贡献。

老年人口业是社会的宝贵人力资源，通过开发可以变负担为动力、变包袱为财富。从理论上分析，老年人口红利的含义是多重的。老年人口红利的能力含义是说老年人口依然具有一定的工作能力，可以为家庭和社会创造财富。老年人口红利的权利含义是说老年人有工作的权利。国际老年人原则就强调了老年人社会参与的权利和保障。老年人口红利的概念使得我们可以摆脱传统的年龄—负担的视角，从能力—权利的视角重新看待人口老龄化的影响。换言之，人口老龄化不全是挑战和压力，也蕴含着可以挖掘的机遇和潜力。老年人可以自我服务，也可以为他人服务。老年人口红利包括思想红利、经验红利、爱心红利、劳务红利等。

我们必须看到，年龄和功能之间存在着非线性的联系。老年人口群体当中蕴藏着极为丰富的人力资源和人才资源，需要在健康老龄化、积极老龄化和和谐老龄化的框架中进行有效的开发利用。在全社会树立“老有所求、老有所学、老有所为、老有所用、老有所成”的科学老龄观，这是我国应对人口老龄化挑战十分重要的战略选择。

老龄人参与社会的发展，这种意识已经在全球范围内得到认同。伴随着全球老龄化社会的到来，社会抚养老龄人口的负担越来越重，在社会资源有限的情况下，要想获得继续发展，满足老龄人口的生存需要，只有让依旧有劳动能力的老龄人口参与到社会的发展中来，对老龄人口实行二次开发。一方面要求发挥老龄人的聪明才智，发挥他们相对于年轻人所拥有的学识和经验；另一方面积极对老龄人口进行知识的再开发和更新，对老龄人口的知识、社会参与、科学技术进行二次培养，促使其为社会的共同进步贡献自己的力量。

马克思认为劳动力就是劳动能力，是人天生就具有的，一般当人从事劳动行为的时候，他所表现出来的智力和体力的综合就是劳动力。所以，从唯物主义的角度来说，任何人都是具有劳动力的，并没有什么身份、年龄的区别，只要他能够从事劳动，就具有劳动能力。劳动经济学认为：

劳动力资源 = 劳动年龄人口中有劳动能力的人口 + 非劳动年龄人口中实际参与劳动的人口

所以，老龄人口完全有能力参与到社会的劳动中来，只不过社会要为他们提供合适的劳动机会和劳动岗位。老龄人参与社会的劳动，一方面可以促进社会经济的发展，为社会的发展贡献自己力所能及的力量；另一方面，老龄人口参与社会劳动，能够锻炼自己的大脑循环，促进自己身体的健康发展，延缓衰老，这也是老龄人自我锻炼的一种积极表现。

在我国政府制定的《中华人民共和国国民经济和社会发展第十二个五年规划纲要》中，明确指出为了促进社会经济的发展，在我国人口老龄化显现日益严重的今天，我们要积极做好应对人口老龄化的准备，积极开发老年人口的人力资源。老年人口的参与能够为我国社会经济的发展带来巨大的人口红利，我们要在发展经济、解决老龄化现象的同时正确和合理地利用这种人口红利，从而促进我国社会经济良好快速的发展。

二、老年人力资源二次开发的影响

1. 老年人二次人力资源的开发促进了经济的发展

老龄化是社会发展的必然趋势，是科学和经济不断发展及进步的标志。经济的发展是应对老龄化问题的物质基础和前提，而老龄化带来的严峻挑战又关系到社会主义和谐社会的建设，关系到社会主义建设的进程，更进一步影响经济的持续稳定增长。因此，正确处理好老龄化和经济两者的关系，有助于经济更好的发展。现阶段，老龄化的趋势越来越严峻，而老龄化与经济又是一对辩证的关系，经济可以促进老龄化向有利于社会发展的方向发展，同时，老龄化也会促进经济的发展或阻碍社会的发展。为了更好地协调经济和老龄化的和谐发展，我们应该充分地利用老年人这一种人力资源，以更好地促进经济的发展。

2. 老年人二次人力资源开发可以促进老年人再教育事业更好的发展

老年人都是退居社会二线的人，他们不再参与社会劳动，此时老年人就比较容易出现健康问题。虽然我们对老年人可能面临的问题也在不断的研究，但我们不属于这个群体，要做到很到位的服务很不容易。如果让既有活力又健康的老年人来负责这一部分，效果就会很明显。毕竟他们都属于这个群体，更了解彼此的需求，可以更好地给予服务和帮扶。

3. 老年人二次人力资源开发带来的社会影响

开发老年人的二次人力资源会影响劳动力的效率，劳动适龄人口比率的下降即劳动力人口老化，中老年劳动适龄人口比重不断下降，虽然中老年劳动人口因其年长而积累了丰富的生产技能和管理经验，但也难免因此而相对变得墨守成规，不容易接受新的知识和技术。在我国社会经济日益发展的今天，社会专业化程度越来越高，社会分工越来越明显，这些社会分工对专业技术和专业知识的要求程度比较高，需要不断提升专业化教育水平。在现实中，我们可以看出，过多的老龄人口会影响社会经济的发展。另外，中老年人在体力和生理方面等素质的下降，各种慢性疾病不断出现必然会影响他们的工作。因此，人口老龄化带来的劳动力老化，特别是一些专业技术人员的老化不利于劳动生产率和工作效率的提高，对迅速发展社会经济事业有一定的阻滞作用。随着人口老龄化的到来，即使有生产性的老龄化，但也不可避免地给中国的经济发展带来一定的负担。

4. 老年人二次人力资源的开发对社会的启示

我们要在发展经济，解决老龄化现象的同时正确和合理的利用老年人口红利，一方面要求发挥老年人的聪明才智，发挥他们相对于年轻人所拥有的学识和经验；另一方面积极的对老龄人口进行知识的再开发和更新，对老龄人口的知识、社会参与、科学技术进行二次培养，促使其为社会的共同进步贡献自己的力量，从而促进我国社会经济良好快速的发展。面对世界性老龄化的挑战，西方一些国家通过创造各种条件维持老年员工的工作和创造力，已成为部分发达国家的长期策略。然而，面对我国老龄化日渐严重的趋势，我们也应该借鉴西方国家的经验，充分发挥退休的、还具有劳动能力的老年人的作用。从西方国家我们也看到了一些新的启示，政府要积极加强对老龄人口二次开发的引导，为老龄人口创造积极的、合适的就业机会和就业岗位，同时对他们进行知识的再度更新和再度开发。

第五章
应对人口老龄化的政策建议

伴随着经济的发展，我国人口老龄化现象越来越严重，经济发展也受到了较大的影响，人口老龄化现象的出现给我国经济的发展带来了巨大的发展阻力，但是同时也为经济的发展提供了契机，我们必须抓住机会，坚持科学发展观，实现跨越式发展。

第一节　调整经济结构

不仅仅是在发展中国家，在西方欧美发达国家，人口老龄化现象也非常突出，西方欧美发达国家将由于人口老龄化带来的社会问题称作“社会保障危机”。人口老龄化带来的不仅仅是劳动人口的不足，还有失业率的下降以及经济增长速度的放缓。相对此来说，如果我们提高经济发展速度，增强经济发展实力，社会保障危机就会在很多方面得到解决，社会有了更充足的收入，社会福利就有进一步提高的可能性。

根据笔者在上文的研究分析，人口老龄化不仅仅造成劳动人口的相对减少，以及影响社会经济的发展，而且从更高层次的需求来说，它对社会医疗、卫生、保健事业提出了更高的要求，所以，我们必须抓住机遇，调整经济发展政策，增强人口的素质，为解决人口老龄化问题作物质基础准备。

1. 抓住机遇，发展经济

经过改革开放四十多年的发展，我国当前正处于中国特色社会主义建设的关键时期，一方面取得举世瞩目的成就，另一方面各种社会矛盾也大量出现，诸如人口老龄化现象、区域经济发展不平衡、社会养老保险制度不够完善、科技利用率不高等，而且世界性的第四次发展浪潮正在如火如荼地进行，我们必须抓住这次世界发展的机遇，积极发展经济，纵深改革，完善中国特色社会主义市场经济体制，大力发展中国特色社会主义市场经济，解决人口老龄化问题。

2. 改革完善就业政策，充分利用劳动力资源

由于我国经济的迅速发展，我国劳动力呈现区域迁移的现象，城市和农村之间大量务工人员的交流，给农村和城市的人口构成都带来了影响，为此，我

们需要建立完善的城乡养老制度，合理地对外来务工人员的养老进行管理。同时，完善我国的就业制度，建立城乡一体化市场竞争秩序，加强区域间的就业信息交流，建立更加公平公正的就业竞争机制、供求机制，充分提高劳动力资源的利用效率，促进区域经济的和谐发展。

3. 努力改变经济增长模式，从粗放型增长向集约型增长转变

在快速推进的老龄化进程中，劳动力供给不足，生产效率低下，物质资本积累速度放缓，传统的依靠生产资料的大量投入促进经济增长的方式已难以为继，劳动力、资本的匮乏带来的问题越来越严重，转变经济发展方式迫在眉睫。在未来的经济发展中，必须依靠技术进步、经营效率的提高、管理创新来拉动经济增长，促进经济稳步、健康、可持续发展，创造出可观的国民收入，以积累起未来社会所需要的各种资金，做到未雨绸缪，防患于未然。

4. 促进产业内部的优化升级，扶持技术密集型产业

人口老龄化促进湖北的产业结构由劳动密集型、资本密集型向技术密集型转变，这正是产业结构优化升级最为核心的部分。为此，政策制定者应积极推进产业内部的技术升级和更新换代，加大在科研、教育等方面的支出，提高在技术密集型产业中的投资比重，并鼓励个人增加自身的人力资本积累，提高劳动者的综合素养和专业技能，更好地适应产业结构的转变。

5. 调整产业政策，重视老龄产业的发展

目前我国经济产业发展的主要结构还是以第二产业为发展的主导防线，第一产业比重较小，第三产业逐步兴起，并且在国民经济发展中起到越来越大的作用。为了促进老龄产业的发展，我们可以从两个方面入手。一是促进农村和城市之间产业结构的调整，防止因农村人口的大量迁移导致城市人口的过度膨胀，给农村和城市的养老带来危机；二是促进城乡间经济的互补协调发展，促进农村经济发展，以城促乡、以城带乡。

发展老龄人口产业也是解决老龄化人口的出路之一。我们可以积极发展区域经济，根据每个区域的特色打造出区域老龄人口的产业，在老龄食品、老龄用品、老龄旅游和老龄文化教育等方面促进老龄产业的发展，该产业也是带动国内消费发展的一个新的增长点。

6. 调整财政支出和税收政策，激发企业和人力资本投资的积极性

由于老龄人口比重不断上升，相对来说，就造成了劳动人口数量的下降，

社会创造的财富会因为劳动力数量的原因，产生一定的下降，国民收入减少，同时政府还需要拿出越来越多的资金用于老年人的赡养。这时，政府可以通过适当调整社会税收政策，改变财政在其他方面的支出，加大在养老方面的支出，以缓解社会问题。在新的知识经济时代，我们要加大人力资本的投入，提高劳动者的数量，加大对劳动者知识教育的投入，从而提高劳动效率，促进社会经济增长。

7. 重视技术创新，提高全要素生产率

随着市场经济的发展，各种资本要素参与到社会的经济发展中来，由于老龄化导致老龄人口的比重不断上涨，所以劳动力数量急剧下降，这时候，我们就要积极鼓励多方要素参与到社会经济的发展中来，尤其是科学技术在经济发展中的利用，通过提高科学技术的利用率和提高劳动人口的素质，追求社会经济的持续发展。

第二节　促进制度创新

1. 通过制度创新促进生产要素的合理组合，提高要素组合效率

一种制度对整个社会经济的发展起着至关重要的作用，良好的社会制度能够促进社会经济的发展，落后的制度会阻碍社会经济的发展，因此，根据制度经济学家的看法，通过一种合适的制度，可以促进社会各种要素的合理组合，促进社会经济的发展。我们要重视制度创新，利用符合社会要求的政策方案提高劳动人口素质，促进科学技术的发展，鼓励多种要素共同参与市场建设，提高各个要素的组合效率。

2. 完善基本养老保险制度，积极提高老年人口的消费水平

老龄人是任何一个社会必然存在的人口，他们曾经也是劳动人口的一部分，为社会做出过自己应有的贡献，所以一个社会有责任去赡养老人，为他们提供安享晚年的机会。所以，我们需要积极地探索一项适合中国国情的养老保险制度，在现有的城乡不平衡的养老制度下，需要进一步补充城市养老保险制度的

内容，在现有的农村养老保险基础之上，提高农民的生活水平，探索城乡和谐一体化建设。鼓励老龄人在能力范围内，多进行消费，老年人的消费一方面可以提高自己的生活水平，另一方面也可以促进社会消费，拉动社会经济的增长。

3. 完善老年医疗保障体系，最大化满足老年人的医疗需求

医疗是社会养老的重点区域，对于老年人的赡养，我们一方面需要注重改善老年人的饮食问题，提高他们的健康状况，另一方面需要重点保障老年人的医疗，让老年人有病敢看，有病有钱看，看病不贵，看病不难，社会共同支持。对此，笔者认为，我们可以首先解决老年人医疗中的两个问题：

第一，解决老年人的医疗资金问题。关于医疗资金，笔者认为我们可以采取三种做法。首先是扩大医疗保险的社会覆盖面，包括农村地区、西部地区，医疗保险制度要全面建立和完善；其次是对于全社会成员进行健康和医疗保健的投入，防患于未然；最后是对社会药品价格进行管制，降低居民看病的医疗费用。

第二，解决社会基层医疗资源问题。目前，我国社会关于医疗的基础资源严重短缺。这具体表现在医疗人员的资源不足，很多农村地区缺乏医疗卫生人员；医疗设施的资源不足，在一些农村地区特别是贫困地区，很多基本的医疗设施都不齐全，大病、难病往往无法获得有效的资源进行治疗；专门的老年人护理人员不足，很多老年人由于重大疾病需要专业的护理人员，但是要么是护理人员不足，要么是资金问题导致无法实现等。

第三节 完善管理机制

1. 探索改革养老金筹措和管理机制

在养老金的筹措机制上，我们应该努力探索一项政府财政积极支持，企业自主参与，社会积极动员的自上而下、社会共同管理的养老金筹措和管理机制。为此就需要做好以下几个方面：一是加大政府财政的转移性支持。政府要对社会养老金提高专项的财政支持，根据社会老龄人口的比重，自觉调整社会养老

金制度，发挥政府的积极主导作用，利用税收建立专业的养老金来源渠道和支出渠道。二是积极鼓励、支持和监督企业养老制度的建立情况，要求全社会的企业基本上建立自己的养老制度，并且政府要加强对企业养老制度的监督。三是继续完善城乡养老保险制度，在现有的社会现实情况下，加大养老制度在农村的覆盖程度，积极提升城市的养老保险制度，通过养老保险制度促进城乡经济的和谐发展、一体化发展。四是拓宽养老金的筹集渠道。现有的社会养老金主要来自政府，养老金的缺口比较大，所以我们要积极鼓励全社会个人、企业都参与到养老金的筹集中来，政府提供一部分养老金，企业提供一部分养老金，个人自己解决一部分养老金，形成全社会共同参与共进的社会养老金来源局面。

2. 建立老年事业发展预警机制

预防是任何一件事发展的必要阶段，对于老龄人口的赡养来说，也不例外。为了有效地解决老龄人口给社会带来的问题，促进社会健康的发展，我们必须要建立一套完善的老年事业发展预警机制，增强社会防范风险的能力。

首先，建立一套符合社会实际的风险预警指标体系。总的来说，指标体系最起码要包括三个方面，一是政府的资金投入指标，二是养老金支出和收入的平衡指标，三是老年人的生活水平指标。指标体系的建立必须要征得全社会的同意，包括政府的意见、企业的意见和人民群众的意见。除此之外，这种指标体系还必须要随着社会经济的发展而变动，满足社会需求，所以，我们除了建立指标体系之外，还需要对其进行动态监控，实时的根据社会现实进行修改，满足社会现实的需要。同时，我们还必须注意指标的连续性，保证在社会发展的不同阶段，指标能够连续的、综合的反映社会养老的状况。

其次，我们必须建立样本检测据点。样本是我们统计数据的基本来源，也是我们根据数据样本推算整体情况的基本依据。所以，必须要建立起具有代表性的样本检测点。目前对于我国的样本抽取来说，比较可行的方法就是从东中西部地区、农村地区和城市地区进行样本检测，建立样本的检测中心，收集数据，并且根据数据分别推算出东部地区、中部地区和西部地区的养老情况以及农村地区和城市地区的养老情况，据此推算出中国整体的养老情况，建立基本的老年事业发展预警机制。

最后，一条畅通的反馈和评价机制是必须的。建立政府、企业和人民之间的信息畅通渠道，加强将现实养老情况向企业和政府的反馈，并针对问题进行合理的养老制度的改善，这是一种机动的预警机制。

总的来说，老龄化对一个国家或是地区的社会经济发展影响重大，老龄人口在社会中的比重直接影响我们经济发展的速度、结构和水平。伴随着湖北省经济的快速发展和计划生育政策的推行，其人口老龄化现象越来越严重，为此，湖北省必须根据这种人口发展的现实，建立一套党委领导、企业参与、社会共同协作的社会养老制度，解决社会老龄化问题。在制度和具体的运行机制方面，实现湖北省的老龄化人口以及社会经济积极健康的发展。

3. *老年人二次人力资源的开发*

面对世界性老龄化的挑战，创造各种条件维持老年员工的工作和创造力，已成为部分发达国家的长期策略。然而，面对我国老龄化日渐严重的趋势，我们也应该借鉴西方国家的经验，充分发挥退休的、还具有劳动能力的老年人的作用。从西方国家我们也看到了一些新的启示，应提倡和鼓励离退休及二线人员再度创业。目前西方大多数国家男性法定退休年龄为 65 岁，女性是 60 岁。美国、德国、英国等国家将在今后几年内把男性退休年龄提高到 67 岁。所以，我们应该积极鼓励退休、离休人员进行二次就业，在退休、离休人员中，他们当中很多人都拥有比较高的生产技术和经验水平，而且身体健康，还可以进行一定的劳动行为，促使他们二次就业，不仅有利于社会的发展也有利于自我身心的继续培养、开发。国际上普遍认同积极的老龄化，即由于老龄人拥有成熟的工作技术和丰富的工作经验，对社会的贡献巨大。所以，在我们的现实社会生活中，青年人要积极地、努力地向老年人学习他们成熟的工作技术，社会和政府要对老年人进行积极的潜力再开发和利用，支持老年人二次就业，鼓励他们参与社会劳动，这样不仅仅能够减轻社会养老的压力，而且能够促进老年人的健康，促使他们开拓智力、延缓衰老。

4. *“以房养老”方式的探索*

简单地说，“以房养老”就是用房屋作为养老的资本。老年人将自己的房屋抵押给政府或是银行，这样在一定的期限内便能够从政府或是银行获得一定数额的贷款用于养老生活，在老人去世后，银行或保险公司收回住房使用权，这种养老方式被视为完善养老保障机制的一项重要补充。2013 年，国务院印发的《关于加快发展养老服务业的若干意见》明确提出“开展老年人住房反向抵押养老保险试点”，引发舆论广泛关注，“以房养老”政策于 2014 年 7 月 1 日试行推广。

（1）市场前景。

关于“以房养老”，很多人的观点不一致，但是对于中国有房的老人来说，是值得期待的。我国目前的家庭构成一般是 4 +2 +1 模式，家庭在两代人之后，基本是一对夫妻负担两对老人，负担加重，所以“以房养老”有利于青年人减轻赡养负担。

（2）国外模式。

美国：在美国，以房养老有另外一种称呼，即“倒按揭”，它最初由美国一家银行所发明，主要用来针对那些 62 岁及以上的有房但是没有现金养活自己的老年人，这项政策的具体实施细节主要包括以下几点。

第一，只有联邦住房管理局才有权去实施这项“倒按揭”政策，老年人可以抵押自己的住房给联邦住房管理局，住户可以居住在自己的房子内，并且按期获得一定数量的贷款。第二，住户获得的贷款是一种无保险的贷款。第三，放贷者有保险的“倒按揭”贷款。

美国的“以房养老”有以下特点：一是房屋价值越高，贷款额越高；二是老龄人年龄越大，所得贷款越多；三是抵押年限越短，所得贷款额越多。

加拿大：在加拿大，62 岁及以上的房屋主人可以将自己的房屋抵押给政府，并且，按照抵押年限获得贷款，且可以一直居住到去世。比如一位 65 岁的老人，将自己的房屋抵押给政府，获得 15 万加元，在其死亡之后，核算房屋共值 25 万加元，那么除去贷款的 15 万元和一定的利息之后，结余的几万加元还可以由其子女继承。

新加坡：新加坡有三种“以房养老”的方式。第一种方式主要是房屋拥有者出租或者是部分出租来获得养老收入；第二种方式为换购，一些老人将自己较大的房屋换成比较小的房屋，这样既能保证拥有房屋，同时也能获得养老金；第三种方式与上述的“倒按揭”相同，就是老人将自己的房屋和政府做交易，在一定的年限内，政府给予其养老金的贷款，老人则以房屋作为交易。

（3）国内现状。

南京：南京的“以房养老”模式主要是南京汤山地区的“温泉留院”，在该地区，凡是在南京市拥有 60 平方米及以上面积房屋的老龄人，都可以将自己的房屋抵押给该园，而且老龄人也获得入住老年公寓的资格，该园负责一直赡养老人，在老人去世之后，房屋归养老院所有。

上海：上海的“以房养老”模式是一种双过程。首先由老人将自己的房屋交由规定机构进行售卖，老人获得自己的房屋房款，之后，老人还可以住进原来的房屋，但是老人现在的入住主要是租住，老人需要付一定的租金。

第六章
结论与展望

第一节 结　论

21 世纪是人口老龄化的世纪。人口老龄化是世界性的问题，我国未来的人口老龄化问题将会非常突出。并且由于人口绝对数量大，同时与其他国家相比，人口老龄化速度相对快于经济发展速度，我国人口老龄化对经济增长的影响具有自身的特点。老龄化社会中，随着老年抚养比的大幅上升，将对社会的养老、医疗等提出挑战，而这些问题的解决需要一定水平的经济增长作为支持。因此，研究人口老龄化对我国经济增长的影响具有非常现实的意义。根据对已有文献的梳理，理论研究发现人口老龄化对经济增长的影响有正有负，最终效果取决于条件。而国内关于人口老龄化对我国经济增长的实证研究成果尚少。本书在梳理国内外相关研究成果的基础上，运用含人力资本的柯布—道格拉斯函数，推导了包含老年抚养比的总量生产函数，然后以此为框架，实证研究人口老龄化对生产函数中变量的影响，具体包括人口老龄化对劳动生产率、储蓄率等的影响。

消费方面，不同年龄的人口，在消费倾向、消费习惯、消费心理方面会有很大不同。老年人口作为社会中一个特殊的消费群体，其在总人口中的比重不断上升必然导致整个社会的消费结构发生变化。老年人是纯消费群体，随着越来越多的大龄劳动力退出劳动大军的队伍，从生产领域转向消费领域，会使得消费总需求增加。更重要的是，人口老龄化会使老年消费品的需求不断提高，其他年龄层的消费降低，老年人所需的服装、鞋袜、食品、保健品、医疗器械等消费量的增多将成为拉动社会总需求的主要动力，而其他年龄层的消费水平将受到抑制。

投资方面，随着人口老龄化的到来，一方面会因劳动力数量的减少降低国民收入总额；另一方面，即使在国民收入不变时，由于国民收入可分为消费基金和储蓄基金两部分，在消费性支出不断扩大的同时，必然带来储蓄量的减少，影响社会资金的积累和企业的投资水平。另外，对政府而言，在快速推进的老龄化进程下，政府公共支出将会更多的偏向社会保障领域，政府用于养老金、社会福利、医疗卫生等方面的支出明显增多，从而压制其占社会总投资的比重，还会影响在社会其他方面的公共支出和基础设施的投资建设。

贸易方面，随着老年群体在总人口中的比重上升，老年人对老年消费品的需求量会急剧增加，本国老年产业生产的产品在短时间内不能满足迅速扩张的市场需求，因此会扩大老年消费品的进口。同时，由于老龄化带来的劳动力数量的稀缺及工资成本的上升，本国企业将面临巨大的挑战，商品价格难以下降，从而削弱我国产品在国际市场上的竞争力，影响出口水平和出口部门的经济效益。这样，人口老龄化便会使净出口减少，恶化我国对外贸易状况，甚至导致国际收支逆差。

劳动力方面，老年人口在总人口中的占比越来越高，其他年龄段的人群占比相对较低，这必然导致劳动力年龄人口占总人口的比重趋于下降和劳动力年龄人口趋于老化。前者会直接导致劳动力供给的不足，使生产资料和机器设备闲置，造成经济资源的浪费，不利于经济的长远发展；后者会直接影响劳动生产率，因为随着劳动力年龄的增加，其生理机能开始衰退，体力、智力、记忆力趋于衰减，劳动动作的敏捷速度和头脑的反应速度都不及年轻人，从而降低了生产效率。但是，劳动力中的大龄劳动者，他们经验丰富、技术老成、思想成熟，会给青年劳动者以指导指引，并起到模范带头作用，从而对生产带来有利影响，不过这方面的影响力大小比较有限，不如前者那样直接、明显。

技术进步方面，劳动力进入中年以后，他们接受新知识、新技术的能力开始减弱，加上高龄劳动力的思想较为保守，在生产过程中习惯按部就班，缺乏创新精神和探索精神，这在很大程度上会阻碍新技术的引进、吸收和再创新，从而不利于技术的进步。但与此同时，在人口老龄化的推动下，由于劳动力供给的减少会带来工资水平上升，劳动的边际收益提高，这就促使年轻劳动力增加自身的人力资本投资，注重培养和加强创新能力，推动技术进步。

而对于产业结构这个热点，本书总结出以下几个观点。

1. 老年产品和服务行业将获得巨大的发展机会

人口老龄化所带来的老年人口比重的上升和老年人绝对数量的增多，为老年产业的快速发展创造了条件。老年产业涉及老年人的衣食住行各个方面，涵盖饮食、服装、交通、护理、保健、金融、保险、建筑、教育等多个领域。在老年产业体系中，值得关注的老年医疗保健业、老年家庭服务业、老年保险业和老年服务业，均属于第三产业的范畴，因此人口老龄化将带动第三产业的发展，提高第三产业占三产的比重，有力促进劳动力向第三产业转移，从而实现劳动力就业的产业结构调整。

2. 不利于劳动密集型产业的成长

快速增长的国民收入总量在很大程度上得益于丰富而低廉的劳动力的有效供给，而人口老龄化带来的劳动力数量的短缺及劳动力年龄的老化导致的生产效率的降低，都将会对劳动密集型产业带来不利影响。总体而言，在三次产业中，第一产业和第三产业吸收劳动力的水平是相对较强的。人口老龄化会使得像农业、林业，第二产业中的纺织、服装、玩具、皮革、家具等制造业，以及庞大的第三产业遭遇劳动力资源的“瓶颈”，面临前所未有的招工难问题，从而降低这些产业部门的产出水平，制约其长期、健康、可持续发展。

3. 资本密集型产业将面临更大的融资困难

人口老龄化带来的储蓄率的降低会放缓物质资本的积累速度，政府、企业的投资资金将丧失基础和来源，这会在很大程度上制约资本密集型产业的长远发展。

4. 技术密集型产业将会获得发展动力

如上所分析，人口老龄化使劳动力供给缺乏并降低了劳动生产率水平，这将阻碍劳动密集型产业的发展。但是，劳动力短缺带来的工资水平的上涨会在很大程度上刺激社会各经济主体对人力资本的投资，激励对自身人力资本的积累。这将提高劳动者的专业技能及综合素质，提高劳动生产率，使越来越多的劳动者能够适应高精尖行业并转移到这些行业中来，从而拉动诸如电子计算机产业，大规模集成电路工业，精密机床、数控机床、防止污染设施制造等高级组装工业，高级医疗器械产业等技术密集型产业的发展，创造出更大的产出，为经济增长作出更大的贡献。

5. 为寿险业发展提供了重要机会

老龄化对经济社会的发展带来极大影响，对寿险业的发展既是机遇也是挑战。人口老龄化意味着社会赡养压力将加重，商业寿险的赔付即将进入高发期，同时一段时间内的寿险投保人数量增速会大大放慢，会对寿险公司的财务状况产生一定冲击。然而人口老龄化也意味着有更多的人面临着养老、医疗、护理等问题，由于“未富先老”的特点，政府财政的压力很大，寿险业作为养老保险体系的重要组成部分，面对人口老龄化的趋势，可以在社会保障的空白区域大有作为，从而在很大程度上推动寿险业发展。

第二节　展　　望

人口老龄化的状况会影响一个国家或是地区的政治、经济、社会和文化等各个方面，而且这些影响与我们的日常生活密切相关。它的影响包括：国家或是地区的经济发展、居民收入分配、劳动力的生产、劳动力的供求、居民财富增长、国家财富增长等。我们当前追求的科学发展观是一种可持续的发展，可持续的发展必然包括人口的可持续发展，人口的可持续发展是整个社会政治、经济等方面发展的基础，没有人口就没有最基本的劳动力，人是劳动生产中最基本的因素。

当前，世界各国，包括发达国家和发展中国家，人口老龄化问题都比较突出，人口老龄化关系到一个国家或是地区的人口发展情况、经济发展情况、政治政策走向、社会问题和家庭生活等多方面，不同的国家、不同的地区在地域社会发展过程中，都会遇到人口老龄化问题，这个问题可以说是经济发展过程中必然经历的阶段。社会生产和消费是区域经济发展的关键因素，而人口老龄化则与生产力的发展和消费水平有着密切关系。当前，我国提倡科学发展观，科学发展的核心就是以人为本的发展。所以，本书的研究对于中国当前的发展具有一定的理论意义和实践意义。

在此后的研究分析中，我们还需要进一步加强研究和分析，力求为我国的人口老龄化现象提供解决方案，促进我国经济保持稳定的、可持续的发展。

参考文献

[1] 白小滢、刘勇:《纯交换 OLG 经济中的习惯类型与经济的动态性质》,载于《经济问题》2010 年第 2 期。

[2] 蔡昉:《人口转变、人口红利与经济增长可持续性》,载于《人口研究》2004 年第 2 期。

[3] 蔡昉:《未富先老与中国经济增长的可持续性》,载于《国际经济评论》2012 年第 1 期。

[4] 车士义、陈卫、郭琳:《中国经济增长中的人口红利》,载于《人口与经济》2011 年第 3 期。

[5] 陈敦贤:《中国人口老龄化与产业结构调整》,载于《中南财经政法大学学报》2002 年第 3 期。

[6] 陈佳瑛:《中国改革三十年人口年龄结构变化与总消费关系研究》,载于《人口与发展》2009 年第 2 期。

[7] 陈晶、李丹:《人口老龄化、家庭消费结构与中国养老模式改革——基于微观数据对人口红利的探讨》,载于《沈阳工业大学学报》(社会科学版) 2013 年第 1 期。

[8] 陈友华:《人口红利与人口负债数量界定、经验观察与理论思考》,载于《人口研究》2005 年第 6 期。

[9] 杜鹏:《推迟退休年龄应对人口老龄化》,载于《人口与发展》2011 年第 4 期。

[10] 方福前:《中国居民消费需求不足原因研究——基于中国城乡分省数据》,载于《中国社会科学》2009 年第 2 期。

[11] 傅崇辉、王文军、曾序春:《中国人口生育变化及影响因素——基于第六次人口普查的分析》,载于《南方人口》2012 年第 5 期。

[12] 高淑红:《人口老龄化的财政负担及对策建议》,载于《地方财政研

究》2011 年第 1 期。

［13］郭琳、车士义：《中国的劳动参与率、人口红利与经济增长》，载于《中央财经大学学报》2011 年第 9 期。

［14］何平平：《经济增长、人口老龄化与医疗费用增长》，载于《财经理论与实践》2006 年第 140 期。

［15］何樟勇：《社会养老保险筹资模式研究》，复旦大学博士学位论文，2004 年。

［16］贺菊煌：《带生命周期消费的经济动态模型》，载于《吉林大学社会科学学报》2004 年第 3 期。

［17］贺菊煌：《个人生命分为三期的世代交叠模型》，载于《数量经济技术经济研究》2002 年第 4 期。

［18］贺菊煌：《中国人口与经济长期预测模型》，载于《数量经济技术经济研究》2001 年第 9 期。

［19］洪洁琴、高鼎：《我国人口老龄化对经济发展的影响》，载于《中国新技术新产品》2012 年第 13 期。

［20］胡鞍钢、才利民：《从“六普”看中国人力资源变化：从人口红利到人力资源红利》，载于《清华大学教育研究》2011 年第 4 期。

［21］黄润龙：《人口老龄化与储蓄的关系探索》，载于《现代经济探讨》2012 年第 6 期。

［22］江维：《北京市老年人再就业意愿影响因素分析》，载于《山西农业大学学报》（社会科学版）2013 年第 1 期。

［23］姜向群、杜鹏：《中国人口老龄化对经济可持续发展影响的分析》，载于《市场与人口分析》2000 年第 2 期。

［24］金明玉、谭建新：《中国资本存量和总量生产函数的估算研究》，载于《南宁职业技术学院学报》2010 年第 4 期。

［25］靳江好：《构建和谐社会进程中的社会矛盾调节机制》，载于《中国行政管理》2006 年第 12 期。

［26］静毅男、刘云龙：《发展养老基金与资本市场国际化》，载于《中国金融》2010 年第 4 期。

［27］李成波、柴学治：《退休年龄研究：文献综述的分析视角》，载于《劳

动保障世界》(理论版) 2012 年第 5 期。

[28] 李洪心:《中国人口老龄化与可持续发展的可计算一般均衡分析》,载于《科技管理研究》2005 年第 1 期。

[29] 李辉:《长春市城乡人口老龄化与老年社会保障问题研究》,载于《人口学刊》2006 年第 4 期。

[30] 李辉、王瑛洁:《中国人口老龄化城乡倒置现象研究》,载于《吉林大学社会科学学报》2012 年第 1 期。

[31] 李军:《老龄化与养老保障宏观经济效应分析》,中国社会科学院博士学位论文,2003 年。

[32] 李军:《人口老龄化经济效应分析》,中国社会科学文献出版社 2005 年版。

[33] 李玲、陈秋霖:《人口变化对医疗卫生体系的影响》,引自曾毅、李玲、林毅夫:《21 世纪中国人口与经济发展》,社会科学文献出版社 2006 年版。

[34] 李敏、张成:《中国人口老龄化与养老金支出的量化分析》,载于《社会保障研究》2010 年第 1 期。

[35] 李通屏:《人口经济学》,清华大学出版社 2008 年版。

[36] 李通屏:《人口增长对经济增长的影响:日本的经验》,载于《人口研究》2002 年第 6 期。

[37] 李雯卿:《浅析农村社会养老保险制度的完善》,载于《法制与社会》2009 年第 30 期。

[38] 李西源:《马克思恩格斯普遍就业理论及其时代价值》,载于《理论探索》2012 年第 4 期。

[39] 林擎国、王伟:《人口老龄化对我国产业结构调整与优化的影响》,载于《学术研究》2001 年第 2 期。

[40] 刘传江:《西方人口转变的描述与解释》,载于《国外财经》2002 年第 1 期。

[41] 刘芳、欧阳令南:《养老保险体系改革与资本市场发展的互动》,载于《中央财经大学学报》2004 年第 3 期。

[42] 刘惯超:《中国消费不足的原因:一个综述》,载于《当代经济科学》2010 年第 6 期。

[43] 刘海宁、刘晓峰:《城镇基本养老保险对经济要素影响的实证分析》,载于《辽宁大学学报》2007 年第 6 期。

[44] 鲁志国:《简论人口老龄化对我国产业结构调整的影响》,载于《深圳大学学报》(人文社科版)2001 年第 2 期。

[45] 毛新雅、彭希哲:《城市化、对外开放与人口红利——中国 1979 ~ 2010 年经济增长的实证》,载于《南京社会科学》2012 年第 4 期。

[46] 穆光宗、张团:《我国人口老龄化的发展趋势及其战略应对》,载于《华中师范大学学报》(人文社会科学版)2011 年第 5 期。

[47] 牛序成:《老龄化背景下的中国农村养老保险制度探析》,载于《山东财政学院学报》2002 年第 3 期。

[48] 彭秀健:《中国人口老龄化的宏观经济后果——应用一般均衡分析》,载于《人口研究》2006 年第 4 期。

[49] 齐传钧:《人口老龄化对经济增长的影响分析》,载于《中国人口科学》2010 年第 S1 期。

[50] 邱皓政、林碧芳:《结构方程模型的原理与应用》,中国轻工业出版社 2009 年版。

[51] 曲兆鹏、赵忠:《老龄化对我国农村消费和收入不平等的影响》,载于《经济研究》2008 年第 12 期。

[52] 全国老龄工作委员会:《中国人口老龄化发展趋势预测研究报告》,http://www.cnca.org.cn/include/content5.asp。

[53] 谭顺、程东杰:《当前中国消费不足的四种基本形态——兼析消费不足的具体成因》,载于《经济问题探索》2011 年第 1 期。

[54] 唐钧:《社保基金保值增值:投资≠入市》,载于《中国社会保障》2012 年第 5 期。

[55] 唐绍欣:《中国人口老龄化对国民收入的影响》,载于《经济研究参考》2001 年第 1 期。

[56] 田丽:《人口老龄化对中国养老保险的挑战及对策分析》,载于《科教文汇》(下半月)2006 年第 10 期。

[57] 田香兰:《日本老年人雇佣政策及其对中国的启示》,载于《日本问题研究》2012 年第 3 期。

[58] 田雪原:《我国人口老龄化对经济发展的影响》, Http://www.cass.net.cn。

[59] 田雪原、王国强:《全面建设小康社会中的人口与发展》, 中国人口出版社 2004 年版。

[60] 王德文、蔡舫、张学辉:《人口转变的储蓄效应和增长效应——论中国增长可持续性的人口因素》, 载于《人口研究》2004 年第 5 期。

[61] 王刚:《人口老龄化对居民储蓄的影响分析——以北京市为例》, 载于《经济问题探索》2006 年第 9 期。

[62] 王广州:《中国人口预测软件培训手册》, 中国人口信息研究中心, 2002 年。

[63] 王江:《对新型农村养老保险的思考》, 载于《农家之友》(理论版) 2010 年第 12 期。

[64] 王金营、付秀彬:《考虑人口年龄结构变动的中国消费函数计量分析——兼论中国人口老龄化对消费的影响》, 载于《人口研究》2006 年第 1 期。

[65] 王金营、蔺丽莉:《中国人口劳动参与率与未来劳动力供给分析》, 载于《人口学刊》2006 年第 4 期。

[66] 王森:《中国人口老龄化与居民消费之间关系的实证分析——基于 1978~2007 年的数据》, 载于《西北人口》2010 年第 1 期。

[67] 王怡、苏扬、孙国庆:《养老保险基金投资: 国际经验及启示》, 载于《当代经济研究》2012 年第 7 期。

[68] 王宇鹏:《人口老龄化对中国城镇居民消费行为的影响研究》, 载于《中国人口科学》2011 年第 1 期。

[69] 邬沧萍:《社会老年学》, 中国人民大学出版社 1999 年版。

[70] 邬沧萍、王琳、苗瑞凤:《中国特色的人口老龄化过程、前景和对策》, 载于《人口研究》2004 年第 1 期。

[71] 吴冬梅:《人力资源理论的五次创新》, 载于《企业经济》2012 年第 11 期。

[72] 武元晋:《人口老龄化带来的几个问题》, 载于《老年学杂志》1987 年第 1 期。

[73] 武元晋、徐勤:《中国人口老化对社会经济发展和家庭的影响》, 载于

《人口研究》1988 年第 2 期。

[74] 夏书章:《议老龄化》,载于《中国行政管理》2008 年第 1 期。

[75] 阎坤:《中国养老保障制度研究》,中国社会科学出版社 2000 年版。

[76] 颜宏:《老龄化背景下农村社会养老保险存在的问题及对策的探讨》,载于《重庆电力高等专科学校学报》2011 年第 1 期。

[77] 杨娟:《老龄化中国人口红利实现的可能性与途径探讨》,载于《南方经济》2012 年第 1 期。

[78] 于学军:《国外关于人口与经济关系的争论》,载于《人口与计划生育》1993 年第 3 期。

[79] 于学军:《中国人口老化的城乡差异》,载于《人口与计划生育》1995 年第 3 期。

[80] 于学军:《中国人口老化的经济学研究》,北京大学博士学位论文,1994 年。

[81] 于学军:《中国人口老化对经济发展的影响:积极的?还是消极的?》,载于《人口研究》1995 年第 4 期。

[82] 于学军:《中国人口老化与储蓄》,载于《人口与经济》1996 年第 3 期。

[83] 于学军:《中国人口转变与"战略机遇期"》,载于《中国人口科学》2003 年第 1 期。

[84] 袁芳英:《人口老龄化背景下最优跨期消费路径的求解》,载于《统计与决策》2009 年第 3 期。

[85] 张可可:《养老保险理财策略》,载于《企业技术开发》2008 年第 1 期。

[86] 张乐、雷良海:《中国人口年龄结构与消费关系的区域研究》,载于《人口与经济》2011 年第 1 期。

[87] 张媛:《人口老龄化对医疗保险的影响》,载于《中国卫生经济》2006 年第 4 期。

[88] 郑晓瑛、陈立新:《中国人口老龄化特点及政策思考》,载于《中国全科医学》2006 年第 23 期。

[89] 钟若愚:《人口老龄化影响产业结构调整的传导机制研究:综述及借鉴》,载于《中国人口科学》2005 年增刊。

[90] 种亚娟:《完善我国养老保险制度》,载于《陕西省行政学院　陕西省

经济管理干部学院学报》2002年第3期。

[91] Akira Yakita. Ageing and Public Capital Accumulation. *International Tax Public Finance*, 2008, 15: 582-598.

[92] Andrew Quinn. Healthy Aging in Cities. *Journal of Urban Health: Bulletin of the New York Academy of Medicine*, 2008, 85 (2): 151-153.

[93] Bailey, M. J.. More Power to the Pill: The Impact of Contraceptive Freedom on Women's Life Cycle Labor Supply. *Quarterly Journal*, 2006.

[94] Berkman, M. B., Plutzer, E.. Gray Peril or Loyal Support? The Effects of the Elderly on Educational Expenditures. *Social Science Quarterly*, 2004.

[95] Borge, L. E., Ratts, J.. Young and Old Competing for Public Welfare Services. *Working Paper No.* 2223, CESifo, 2008.

[96] Bruno, M.. Estimation of Factor Contribution to Growth under Structural Disequilibrium. *International Economic Journal*, 1968.

[97] Cattaneo, M. A., Wolter, S. C.. Are the Elderly a Threat to Educational Expenditures? *European Journal of Political Economy*, 2009.

[98] Coale, A. J., Hoover, E. M.. *Population Growth and Economic Development in Low Income Countries: A Case Study of India's Prospects*, 1965.

[99] Cutler, D., Poterba, J., Sheiner, L., Summers, L., Akerlof, G.. An Aging Society: Opportunity or Challenge? *Brookings Papers on Economic Activity*, 1990.

[100] Cutler, D. M., Meara, E.. The Medical Costs of the Young and Old: A Forty Year Perspective. *Frontiers in the Economics of Aging*, 1998.

[101] David E. Wildasin. The Marginal Cost of Public Funds with an Aging Population. *Journal of Population Economics*, 1991, 4: 111-135.

[102] David Hauner. Aging: Some Pleasant Fiscal Arithmetic. *International Atlantic Economic Society*, 2007, 13: 347-364.

[103] De La Croix, D., Lindh, T., Malmberg, B.. Demographic Change and Economic Growth in Sweden: 1750-2050. *Journal of Macromarketin*, 2009.

[104] Deaton, A., Paxson, C.. Growth and Saving among Individuals and Households. *The Review of Economics and Statistics*, 2000.

[105] Doh - Khul Kim, Hyungsoo Kim. Aging and Savings in Korea: A Time - Series Approach. *International Advances in Economic Research*, 2006, 12: 374 - 381.

[106] Domar, E. D.. A Soviet Model of Growth. *Essays in Theory of Economic Growth*, 1957.

[107] D. Peter Broer. Growth and Welfare Distribution in an Ageing Society: An Applied General Equilibrium Analysis for the Netherlands. *De Economist*, 2001, 149: 81 - 114.

[108] Fernandez, R., Rogerson, R.. The Determinants of Public Education Expenditures: Longer - Run Evidence from the States. *Journal of Education Finance*, 2001.

[109] Freigang, D., Kempkes, G., Seitz, H.. Demographic Change and Federal Systems. Spatial Asepects of Federative Systems; Speyerer Forschungsberichte, 2005.

[110] Gerdtham, U. G.. The Impact of Aging on Health Care Expenditure in Sweden. *Health Policy*, 1993.

[111] Grob, U., Wolter, S. C.. Demographic Change and Public Education Spending: A Conflict between Young and Old? *Education Economics*, 2007.

[112] Harris, A. R., Evans, W. N., Schwab, R. M.. Education Spending in an Aging America. *Journal of Public Economics*, 2001.

[113] Hock, H., Weil, D.. The Dynamics of the Age Structure, Dependency, and Consumption. *NBER Working Paper No.* 12140, 2006.

[114] Hondroyiannis, G, Papapetrou, E.. Demographic Changes, Labor Effort and Economic Growth: Empirical Evidence from Greece. *Journal of Policy Modeling*, 2001.

[115] Horioka, C, Wan, J.. *Why does China Save So Much*? 2008.

[116] Hoyt, W. H., Toma, E. F.. Lobbying Expenditures and Government Output: The NEA and Public Education. *Southern Economic Journal*, 1993.

[117] Hurd, M.. Research on the Elderly: Economic Status, Retirement, and Consumption and Saving. *Journal of Econometrics*, 1990.

[118] Jakub Bijak etc.. Population and Labor Force Projections for 27 European

Countries, 2002 – 2052: Impact of International Migration on Population Ageing. *Europe Journal of Population*, 2007, 23: 1 – 31.

[119] Josef Baumgartner, Helmut Hofer, Serguei Kaniovski, Ulrich Schuh, Thomas Url. Employment and Growth in an Aging Society: A Simulation Study for Austria. *Empirica*, 2006, 33: 19 – 33.

[120] Juan A. Lacomba, Friancisco Lagos. Reinforcing the Link Between Contributions and Pensions: The Effect of the Population Aging. *International Advances in Economic Research*, 2006, 12: 530 – 539.

[121] Kaiji Chen etc.. The Japanese Saving Rate between 1960 and 2000: Productivity, Policy Changes, and Demographics. *Economic Theory*, 2007, 32: 87 – 104.

[122] Kazutoshi Miyazawa. Incentives and Product Variety in an Aging Economy. *International Tax and Public Finance*, 2001, 8: 595 – 607.

[123] Ken-Ichi Hashimoto and Ken Tabata. Population Aging, Health Care and Growth. *Journal of Population Economics*, 2008, 11: 25 – 28.

[124] Ladd, H. F., Murray, S. E.. Intergenerational Conflict Reconsidered: County Demographic Structure and the Demand for Public Education. *Economics of Education Review*, 2001.

[125] Li, H., Zhang, J., Zhang, J.. Effects of Longevity and Dependency Rates on Saving and Growth: Evidence from a Panel of Cross Countries. *Journal of Development Economics*, 2007.

[126] Lubitz, Cai, et al.. Health, Life Expectancy, and Health Care Spending among the Elderly. *New England Journal of Medicine*, 2003, 349 (11): 1048 – 1055.

[127] Lucio Pench. Aging and Economic Growth in Europe. Paper Presented at the Graying of the Industrial World – A Policy Conference on Global Aging, January 25 – 26, 2000, Washington.

[128] Malmberg, B.. Age Structure Effects on Economic Growth: Swedish Evidence. *Journal of Politics*, 1991.

[129] Manabu Shimasawa, Hidetoshi Hosoyama. Economic Implications of an Aging Population: The Case of Five Asian Economies. *ESRI Discussion Paper Series*, 2004, 117: 35 – 38.

[130] Martin Feldstein. Tax Policy and International Capital Flows. *Review of World Economics*, 1994, 130 (4): 675 –697.

[131] Martins et al.. Inventive Output of Academic Research: A Comparison of Two Science Systems. *Scientometrics*, 2005, 63 (1): 145 –161.

[132] Mason, A., Lee, R., Tung, A., Lai, M., Miller, T.. Population Aging and Intergenerational Transfers: Introducing Age into National Accounts. Developments in the Economics of Aging. D. Wise. *NBER Working Paper Series*, 2008.

[133] Midori Wakabayashi. The Retirement Consumption Puzzle in Japan. *Journal of Population Economics*, 2008, 21: 983 –1005.

[134] Paola Profeta. Aging and Retirement: Evidence Across Countries. *International Tax and Public Finance*, 2002, 9: 651 –672.

[135] Peterson, Peter G. Gray Dawn: How the Coming Age Wave Will Transform America—and the World. New York: Random House, 1999.

[136] Reinhardt. Does The Aging of the Population Really Drive the Demand for Health Care? *Health Affairs*, 2003, 22 (6): 27 –39.

[137] Rowena A. Pecchenino, Kelvin R. Utendorf. Social Security, Social Welfare and the Aging Population. *Journal of Population Economics*, 1999, 12: 607 –623.

[138] South, S. J.. Age Structure and Public Expenditures on Children. *Social Science Quarterly*, 1991.

[139] Stephan Brunow, Georg Hirte. Age Structure and Regional Economic Growth. *Jahrbuch fiir Regionalwissenschaft*, 2006, (26): 3 –23.

[140] Sugimoto, Y., Nakagawa, M.. From Duty to Right: The Role of Public Education in the Transition to Aging Societies. *Journal of Development Economics*, 2010.

[141] Tetsuo Ono, Yasuo Maeda. Is Aging Harmful to the Environment. *Environmental and Resource Economics*, 2001, 20: 113 –127.

[142] Tetsuo Ono. Unemployment Dynamics in an OLG Economy with Public Pensions. *Economic Theory*, 2007, 33: 549 –577.

[143] Ulf –G. Gerdtham etc.. The Ageing of Society, Health Services Provision and Taxes. *Journal of Population Economics*, 2005, 18: 519 –537.

[144] Weil, D.. Population Ageing. *The New Palgrave Dictionary of Economics*, 2008.

[145] Willi Leibfritz, Werner Roeger. The Effects of Aging on Labor Markets and Economic Growth. *Journal of Population Economics*, 2007, 12: 34-63.

[146] Wilson, S.. The Savings Rate Debate: Does the Dependency Hypothesis Hold for Australia and Canada? *Australian Economic History Review*, 2000.

[147] Yvonne Adema etc.. The International Spillover Effects of Pensions under Population Ageing. *Journal of Population Economics*, 2008, 21: 933-959.

[148] Zhang, J., Lee, R.. Rising, Longevity, Education, Savings, and Growth. *Journal of Development Economics*, 2003.